5つの問題行動別

「手に負えない思春期の子」への関わり方

土井 高徳 著

はじめに

「暴れるわが子とどう向き合えばいいのか、わかりません」

「生徒がすぐにキレて、教師の言うことをきかずに困っています」

「少年院を出ても帰る家がない子がいるのですが、どうしたらいいでしょう」

私が福岡県北九州市で運営する土井ホームには、こうした相談が全国から寄せられます。「自分ではもうどうにもできない」。悲愴《ひそう》感が漂うその声を耳にするたびに、私はこれまで土井ホームにやって来た子どもたちとの「物語」を振り返り、解決のヒントを探ります。

土井ホームは心に深い傷を抱えた子どもたちが、共同生活を通してその傷を癒し、回復を図り、自立をめざすファミリーホーム（里親ホーム）です。スタッフは私と妻と妹の3名と補助員3名の計6名。開設から約40年が経ち、もう150名を超える青少年がわが家から巣立っていきました。現在は小学生から大学生までの子どもを中心に8名の少年少女を預かっており、14名の〝大家族〟で暮らしています。

土井ホームの子どもたちは、実家庭で「もう育てられない」と見放されたり、様々な児童福祉施設で「養育困難」「更生の見込みなし」と判断され、普通の家庭生活や学校生活、社会生活が極めて困難な状態でやってきます。

私たちは彼らと24時間生活をともにすると同時に、医療や福祉、心理などの専門家と協力しながら、その自立支援を図っています。

こうした子どもたちを観察してみると、他人との交渉やコミュニケーションの取り方に困難が認められ、相手の立場になって物事を考えたり、想像したりすることが苦手です。この他にも、日常の動作がうまくこなせない発達性協調運動障害や学習障害、他人の表情の識別ができない相貌失認《そうぼうしつにん》など、彼らが抱える困難は多岐にわたります。

とりわけ、感覚過敏（鈍麻《どんま》）の問題を抱える子どもにとって、この世の中はとても生きづらいものです。たとえば、一般の人が何とも思わない音やにおいが、彼らにとっては耐え難い騒音や腐臭になるからです。周囲がこの困難に気付きにくいため、本人は不安に陥り、それが「こだわり」となって表れると考えられます。

また、虐待など不適切な養育によって持続的にストレスがかかり、幻聴などの精神症状を見せる子どもや、ネグレクトのように一貫性も応答性もない子育てや養育者の不在によって愛着の問題を抱え、感情爆発や憤怒《ふんど》などの自己統御《とうぎょ》が困難であり深刻な対人不信や適切な人間関係の境界を持てない子どもも少なくありません。

このように愛着と発達の障害が重複し、複雑に錯綜《さくそう》するこれらの症状は、専門家を悩ませるだけでなく、まわりのひとにとっても正しく理解しづらいと思われます。しかも適切な支援を得られずに育った彼らの自尊感情は著しく低く、一度、固定化した被害的な認知は、そうたやすく修正できるものではありません。

そうした子どもたちによりそい支えていく上で、**私たちがまず何よりも大切にしているのは日々の「生活」です。**

私たちはまず、子どもを観察し、何が困難であるかその特性を理解します。次に、三度の食事や安心して眠れる部屋など生活環境を整えます。そして、音やにおいなどの刺激を減らす配慮をし、見通しのよい毎日のスケジュールを立て、「困った時は必ず相談してね」「がんばっていることを知っているよ」など一貫した応答を重ねるようにします。これらを心がけるだけでも、子どもは際立って落ち着き始めます。

つまり、日々の暮らしの中で子どものトレーニングを行うのです。子どもたちは深刻な発達上の課題を抱えていますから、ゴールまでの道のりは遠く、容易ではありません。しかし、家庭内の暮らしを形作る要素に、様々な工夫を溶け込ませておくだけでも、子どもたちの成長発達の大きな力になります。

たとえば、子どもに家事の手伝いをさせることによって、「ありがとう」「助かったよ」「じょうずになったね」という魔法の言葉を繰り返しかける。すると、子どもの自尊感情は高まります。また、食後に何気ない会話の時間を持つことで、興味のある「へび」の話しかしなかった子どもが、違う話をするようになります。

私たちが根気強く愛情のシャワーをかけ続けることで、周囲への不信感や敵意をあらわにして心の扉を固く閉ざしていた子どもが、やがて子どもらしい表情を見せるようになった。長年不登校であった子どもが学校に通い始めた。長年服用していた向精神薬をやめられた……子どもたちの成長と回復を目の当たりにできることは、私たちにとってかけがえのない喜びです。

そして、私の最大の願いはこうして成長した子どもたちが実家庭に戻り、親や家族との心穏やかな暮らしを取り戻すことです。

子どもと並行して親とのつながりを育む中で、私たちは子どもの親自身もさまざまな困難を抱えていることに気がつきました。**子ども支援は親・家庭支援でも**

あるのです。子どもの実家を定期的に訪ね、親が心に抱えた重荷をおろせるよう手助けをし、わが子との向き合い方を伝えていく。そうした積み重ねの中で、だんだんと土井ホームから実家に帰っていく子どもが増えていきました。親子の統合を実現させるためにも、親や子どもの背後にある家庭を支援し、底上げをする取り組みの必要性を強く感じています。

いつの時代も、子どもの問題に頭を抱える親の悩みは尽きません。私は各地で保護者や支援者向けの研修会や講演会に出講するとともに、その前後には育児に悩む方の相談に応じてきました。そして、どなたでも手にできて、育児の参考にできるように、これまでも土井ホームの「物語」や、思春期の子どもとの向き合い方についての書籍を執筆してきました。

本書では子どもたちの問題とされる5つの行動を切り口に土井ホームの「物語」を紹介し、私が子どもたちによりそう際に大切にしているポイントを解説しています。本書に挙げた事例はすべて土井ホームで起こった事実です。ただ、物語の本質を損ねない範囲で、プライバシー保護のため子どもたちや登場人物の名前や地名、男女の属性、時間の経過、場合によっては2人の子どもの事例をひとつのものにするなど変更している点を申し添えておきます。

「聞いて、聞いて」

本来、子どもは何かを親に訴え、聞いてもらいたいものです。向き合ってほしいのです。その意味で、私たちの顔はまさに神様の奇跡の造形だと思いませんか。目が2つ、耳が2つ、口はひとつ。子どもの行動を2つの目でしっかり観察し、その声を2つの耳でじっくりと聞き取り、そして耳や目の半分だけ口で注意するように創られているのです。その点で、育児は育自、子育ては己育てだと考えています。

本書を通じて、育児について悩んでいる親御さんの心が少しでも軽くなり、お子さんとの関係が改善され、子育てが楽しくなることを願っています。また、困難な子どもに接している人々の毎日の取り組みの上に何か示唆があれば幸いです。私たちは1人ではありません。大丈夫です。勇気と希望を持ってともに歩んでいきましょう。

目次

第1章　学校内暴力

小中学校を中心に、学校で「キレる」子どもが問題になっています。土井ホームの場合、これは今に始まったことではありません。家庭内ではもちろん学校、児童相談所、児童養護施設、児童自立支援施設など、あらゆる場所で暴力をふるい、周囲に危害を加え、少年院送致になるほどの「強者《つわもの》」が大勢います。このような「キレる」子どもを引き受けていますから、今子どもの暴力に向き合っている親御さんや学校関係者の悩みの深刻さは、痛いほど分かります。

しかし、彼らを単なる非行少年と切り捨てることを私はしたくありません。たとえば、土井ホームにやって来るほとんどの「強者」は、発達障害を抱えた子どもたちです。彼らは養育期にその障害特性への理解と適切な養育がなされず、親にとっても「育てにくい子ども」であるために、養育放棄や虐待といった辛い体験を強いられ、他人と共感する力や情緒的な関係を築くことが難しいまま成長しています。

また、衝動が抑えられずに「キレる」という現象は、ひどく甘えるかと思うと極度に警戒するなど、対人関係が困難になる「反応性愛着障害」と、落ち着きがなくじっとしていられない「多動性障害」が重なり、これに思考や行動、意識の断裂である「解離」が加わることで起こりやすくなるといわれています。

現在の学校内暴力で問題視されている子どもには、こうした不適切な養育と生得的な障害が関係している場合が少なくないのではないでしょうか。

彼らは周囲の大人を信用していません。怒りや不安を抱え、自分を「誰からも愛されない存在」と感じています。そして、暴力しか自分が言いたいことを伝える術を知りません。それは、**自分が大人から愛されている存在だと信じられるような幼少期がなかったからです。**「困った時は『困った』と、言葉で伝えたらいいんだよ」と、根気よく教えてくれる大人がいなかったからなのです。こうした子どもたちがいきなり学校という集団の輪に入れば、軋轢《あつれき》が生じて当然でしょう。

暴力でしか自分を表現できない子どもたちは、どんな不安や不満を抱え、どんな場面で暴れるスイッチが入り、逆にどのような話題なら心を開くのか。親御さんや学校関係者はその子の特性を根気強く、丁寧に観察することから始めてみましょう。何気ない行動や話し方、食事の好き嫌い、落ち着きがなくなる場面やその日の天候や気温……どんな些《さ》細《さい》なところにも、必ず「よりそい」のヒントはあるはずです。

周囲の大人たちが互いの観察記録を持ち寄り共有すれば、さらに理解は深まるでしょう。そして、その子の特性に合わせた「環境」を用意することも大切です。たとえば、大きな声が暴力の引き金になる子どもには大声で叱っても逆効果。大勢の級友が騒ぐ教室の雰囲気にイライラして暴れてしまう子どももいます。まずは「刺激を減らす」ことです。些細なことで怒りやすい易《い》刺激《しげき》性の強い子どもが落ち着く環境は、一般の子どもにも過ごしやすいものです。こうした考え方と工夫を「ユニバーサルデザイン」といい、さらなる広がりが期待されます。

　教育に対する情熱と、こうした多様な子どもたちを指導するスキル、そして人間的な包容力。そのバランスがとれた教育者の協力と指導、そして1人ひとりの子どもの特性に沿った学校のシステム作りの下で少しずつ落ち着きを取り戻し、学校の中にも居場所を見つけ、やがて社会へと巣立っていった子どもたちを私は知っています。

　人はダイヤモンドと同じ。光の当て方で表情は変わり、気付かなかった輝きを放ちます。**信頼できる大人がまわりに1人でもいれば、彼らは暴力以外のかたちで「ヘルプ」のメッセージを伝えられるかもしれません。**家庭ではもちろん学校でも、まずは暴れる子どもたちの「いいところ」に光を当ててみませんか。

　本章では土井ホームで預かってきた子どもたちの学校内暴力に関するエピソードと、彼らと対応する際に私が心がけているよりそい方を紹介しています。耐え難いほどの子どもの暴力に悩む当事者のみなさんにとって子どもがキレる原因は重く、発想の転換は難しいかもしれませんが、ここから第一歩を始めてみましょう。「キレる」子どもたちにどう対処したらいいかわからなくなった時、向き合い方のヒントとなればなによりです。

事例1　らせん階段のような回復によりそう

「朝から暴れて収拾《しゅうしゅう》がつきません」

緊張し、うわずった声。隆章《たかあき》（小学5年生）の担任の教師から電話である。

「迎えに行きましょう」

教師の安堵《あんど》した声に電話を切り、早速車を出す。職員室に声をかけ、隆章の教室に向かう。隆章も教師もまだ顔が引きつったままで不穏な空気である。教師が事態を説明する。横で隆章は顔を真っ赤にして肩で息をしている。教師の話が一段落した後、部屋に散らかったプリント類を片付けるために、隆章にほうきとチリ取りを持ってくるように言った。一緒に掃除をした。千切れたバスカードを受け取り、教師に丁寧にお詫びを言って退室した。

長い階段を降りながら、隆章が一言。

「すいませんでした」

隆章は衝動を統制できないという困難を抱えて土井ホームにやってきた。加えて、親から虐待を受けて育ったことで起きる愛着障害と、生まれつき抱えている発達障害の重複も認められた。わが家で暴れることは3カ月で止まったが、学校ではもう1年続いている。

こうした子どもは「暴力アスペ」（※P38）と呼ばれるのだが、隆章の場合は少しずつ内面が変化してきていると私は見ている。

帰る車中で「なんで学校なんか行かなくてはいけないのですか」と隆章が聞いてきた。「その答えを探しに行っているのだ」と答えた。優れた知能を持ちながら、学校のシステムに乗れない隆章の辛さを思いやった。「ジュースを飲むか」と聞く私に、いつもなら即答する隆章が逡巡《しゅんじゅん》して上目遣いでこっちを見ている。

「飲まんのかい」

もう一度聞いた。隆章は小さくうなずいた。私はハンドルを切ってコンビニの駐車場に車を停めた。自分が今どのような立場に置かれているのか、それを読み取り、申し訳ないという感情が育ちつつあること、つまり、自分の感情や行動を客観的にとらえる「メタ認知能力」（※P38）の芽生えを感じて私は声をかけた。

「好きなジュースを選びなさい」

隆章はいつものあどけない表情に戻って、棚から一番値段の高い新製品のジュースを取った。帰宅すると、在宅の年長少年たちが集まってきた。

「どうしたんですか」

「いつものように東京タワーを壊して国会議事堂を火だるまにしたんだ」

みんなが一斉に笑った。隆章も笑った。そして照れたように下を向いた。

「おまえ、またか？」

年長少年たちに小突かれながら隆章は自室に向かった。部屋からはその後何度もみんなの大きな笑い声が聞こえた。

よりそいポイント　「行きつ戻りつ」を心がける

学校教育や少年院における矯正教育などは入学・入院から卒業・退院までの直線的なプロセスを描く回復・成長モデルです。しかし、隆章のような子どもたちの回復を図で表すとしたら、直線ではなく〝らせん〟のようになる場合が多々あります。２歩前進しては１歩後退するような、前進と後退を繰り返す円環的な成長発達モデルを念頭に入れた指導が必要だと私は考えています。

子ども支援はマラソンです。結果を早急に出そうとすると支援の基礎が崩壊するおそれもあります。ゆっくり、じっくり。「行きつ戻りつ」の心構えで取り組みましょう。

事例 2

波長を合わせる

遠隔地の児童相談所（以下、児相）に依頼され、1人の小学生を訪ねた。小学校の教師と児相職員の2人を骨折させ、一時保護所の職員10人を退職させたという「強者《つわもの》」だ。初めての訪問では、1日かけて会いに行き、3時間滞在し、10分だけ話をして帰ってきた。

こうした場合、私は少年の持つ波長をさぐり、それに同調することから始める。あらかじめ関係者から仕入れていた情報をもとに、私は声をかけた。

少年の名は悟《さとる》（小学5年生）といった。児相のフロアーで寝ていた悟は、職員が声をかけても石のように反応がなかった。30分じっと待った。やがて、おなかが空いたのか、ゆっくりと起き上がると食堂に移り、用意されていた親子丼を口に運びだした。

「いろんなことに詳しいそうだね。図鑑を読むのが好きなんだって？」

声をかける私を一顧だにせず、少年は無心に食べている。だが、内心では突然現れた私の値踏みをやっているに違いない。

「そうそう、甘いものが好きなんだって？」

スプーンを持つ手の動かし方が少し遅くなった。

「来月また来るときにチョコでも持ってこようかなー」

口元が少し動いた。そして、動かす手を止めた。

「どうだい。約束しようか。そうだ。約束だ」

私は独り言のように言った。悟が顔を横にいる私のほうに向けた。色白で目の大きな特徴ある愛らしい顔で、こちらをじっと観察するように見つめた。

急に間合いを詰めない。ゆっくりと関係を作っていく。ここを急ぐと本人が混乱を起こして大騒ぎを起こす。今日はここまで。応答のない挨拶をして別れた。

その後、1カ月に1回の訪問を繰り返した。どのくらい経っただろうか、児相職員の休養を兼ねて病院に入院した悟を訪ねたところ、病棟のガラスの扉越しに私の訪問を今か今かと待ってくれるようになった。お土産に持参した饅頭《まんじゅう》を差し出すと悟の顔が輝いた。胃袋を満たすと好きなゲームをした。得意の「坊主めくり」をして絵札を手に入れると子どもらしくはしゃいだ。

「子どもとはこう接するのですね」と同行した児相職員がつぶやいた。日頃はベッドの布団から出てこず、どのように声をかけても反応がないという。子どもの波長を探り、そこに合わせる。子どもとの関係づくりの第一歩である。

よりそいポイント

興味のあることに近づく

波長合わせは子どもの出すさまざまなサインを読みとって、子どもが自分の感情を扱ったり、苦しい状況に対応したりする際に、より良い選択をできるように援助することを意味します。

まずは子どもの最も興味のあることや関心を持っていることに熱心に耳を傾けてみましょう。得意な遊びがわかったら、一緒に取り組んでみるのもいいと思います。暴力行為が顕著で、内面の葛藤や怒りを言葉で表現するのが困難な子どもだけでなく、長期の引きこもりの子どもにも同様のやり方を試みてください。

ケアをする人が波長を合わせていると、子どもは、ただ行動に反応するだけでなく、その行動の下にある怒りや悲しみ、喜びといった本能的に感じる「情動」に反応するようになります。ここでのポイントは行動の下に横たわる「情動」に対応することなのです。

事例3 約束をする

引き続き悟の話である。

「どうする。約束する？」

私は一呼吸おいて、手を差し伸べた。悟はおずおずと手を出した。

「よし、来月はチョコレートだ」

さっと手を握った。握手をした。一般にトラウマを抱えた子どもや発達に課題を抱えた子どもには空間的にも心理的にも急な接近をしないようにするのが原則だ。ただ、この時私はいけると見た。数年にわたる長い一時保護生活に悟は飽きがきているのではないか、そういう推測が私を突き動かした。

「じゃ、約束だ。また会おうね」

しかし、悟はその後入院をした。薬の調整という名目だが、児相職員を疲弊から守るためでもあったのだろう。入院時に不用意な医師の発言に怒って男性看護師にパンチを食らわせたという。

さて、明日は悟とチョコを一緒に食べることができるだろうか。妻のえり子が買ってきた、横30センチ縦20センチはある大きなチョコは、悟の心を溶かすことができるだろうか。

私は明日の新幹線の時間を確認し、チョコをカバンにそっと入れた。

よりそいポイント

「言葉で伝えてね」と約束する

暴力をふるう、感情爆発を起こす。土井ホームではそのような子どもが入る前に、最初の面接で次のように話し、約束をします。

「いいかい、困った時は暴力ではなく、言葉で伝えてね」

「ここには子どもの好きな大人が住んでいる。困ることがあったら必ず助けてあげるよ」

一般に、暴力に走る子どもは、大人に対して強い不信感を持っていることが多いものです。そして、困った時にも暴力という形でしか気持ちを表現する術を知りません。だから、暴力に代わる行動＝「言葉」の存在を教え、根気よく伝え続けます。その一貫性と継続性が、子どもの断裂していた認知や行動や感情を1本にまとめていく糧となるはずです。

事例4 根気よく伝える

「イライラします。どうしたらいいでしょう」と加代子《かよこ》（中学2年生）が言った。

「どういう場合にイライラするの」

「担任の教師の言い方にイラつくのです」

「どういう言い方なの」

「『反抗しているんだ』と皮肉っぽく言うのです」

「そうなんだ。大人から見ると君の態度や口の利き方が反抗しているように見えるのだろうね。いま、毎日挨拶の仕方や話し方の練習をしているだろう。それを続けたら誤解されることはなくなるよ」

「それでイライラがなくなるでしょうか」

「あのさ、広幸《ひろゆき》（中学2年生）も二郎《じろう》（中学1年生）も可奈子《かなこ》（中学2年生）もここに来た頃は大暴れしていた。いま、おとなしいだろう。来た頃は大変だった。皇史《こうじ》（小学5年生）なんか暴れてはひとの首を絞めていたんだよ」

「へー、そうなんですね」

「ほめるだけでなく、叱ることも愛情の証拠。関心がない人には人は声をかけないだろう。だから、叱られたりほめられたりするのは関心があるということ。つまり愛情の証拠だよ。分ったかい」

「はい」

加代子と今日は初めて心が通じる話ができたように思う。

よりそいポイント

メッセージは常にひとつ

大人の皮肉は子どもに反感は買っても、共感を生むことはありません。一般にコミュニケーションは言葉のみで行うものだと、私たちは考えがちです。しかし、メッセージは顔の表情や体のこわばりなどからも相手に伝わっているものです。たとえば、口では「大丈夫だよ」と言っていても、表情はひきつり体がこわばっていては、ダブルメッセージとなって子どもに伝わり、混乱してしまいます。メッセージは、常にひとつ。気持ちを整理し、心から気持ちを込めて言葉を発するよう努めたいものです。

事例5 子どもの踏み台になる

教師に暴力をふるい、骨折をさせた麻梨美《まりみ》（中学2年生）が帰宅した。「今日夕方から私と齊藤弁護士が言い分を聞くので、冷静に振り返ってごらん」と話した。すると麻梨美は教師に暴力をふるったことをまったく覚えていなかった。ゴミ箱を蹴ってドアを破ったことを指摘しても「エッ？」という顔であった。感情や記憶が一貫性や連続性を失い、日常生活に支障をきたす「病的解離」（※Ｐ38）を抱えているのかもしれないと推測した。

麻梨美にはまず、こう言って心のブレーキをかけた。

「決して逃走してはいけない。家出したら、味方である私や齊藤弁護士ももうお手上げになる。だから静かにしていなさい」

その後、明日予定していたことを早め、被害者への謝罪、裁判所など関係機関との連絡などの計画を立てた。

翌日、学校へ出かけ、校長に謝罪した後に、当該の教師にお詫びをした。菓子を差し出し、破れたスーツの弁償と医療費の支払いを申し出た。校長退職後に再任用で特別支援学級の補助教員として勤務している教師は恐縮したが、「子どもに学習させることが肝心だから、ぜひ受けていただきたい」と重ねて言うと、こちらの申し出を受けてくれた。教師とのもみ合いのきっかけを作った被害児の知《とも》子《こ》の自宅にも訪問し、祖母にお詫びをした。「うちの孫も余計なことを言って、過去トラブルを起こしてきたのですよ」と恐縮しながら言った。

思春期の子ども、とりわけ発達課題と不適切な養育が重複し、様々な逸脱行動や精神症状を示す子どもを養育していると、トラブルの連続に見舞われる。だが、実はこうしたトラブルから子どもの心への回路が生まれるのである。

その時はわからないが、こうして汗を流しておくことが、子どもの回復と成長の上でいずれ確かに効いてくる。マイナスはプラスに転化するのである。

よりそいポイント

謝り方の手本を見せる

高いところにあるものを取ろうとするには、踏み台が必要です。大人は子どもの成長のための踏み台であると私は考えています。踏まれれば痛いし汚れる。しかし、あえてそうしてやることが子どもの将来の種になるのです。その種が大きく芽を吹く条件が、こうした事件の際に関係者に真摯《しんし》に謝罪することです。「学び」という言葉は「真似《まね》び」からきています。真摯な謝罪と和解のモデルを身近に見てこなかった子どもは、謝罪をする私たち大人の背中を見て、やがて学習（モデリング）していきます。

こうした学習を繰り返していくうちに、やがて大人への絶対的な不信感が消え、たとえ私が目の前にいなくても、私の言動を自分の「ものさし」として行動できるようになります。これを「内的ワーキングモデル」と呼び、内面にいつも親や教師などの「手本となる大人」の存在がいて、困った時に心の中で声をかけてくれるようになることを意味します。教育やしつけの最終目標も、子どもの「ものさし」となってやることだと私は考えています。

事例6 切れそうな絆《きずな》を手放さない

千絵《ちえ》（中学2年生）が学校で生徒を蹴っ飛ばし、制止しようとした教師にもケガをさせたと連絡があった。前の夜、万引きと喫煙をした千絵を私が特別指導で厳しく戒めた直後の出来事だった。

千絵は家庭裁判所による試験観察として土井ホームにやってきた。試験観察は、家裁調査官が直接観察にあたる。観察中の成績によって社会で生活が可能か、少年院での矯正教育が必要かどうかの判断が下され、終局決定の選択にもかかわってくる。よって、少年に与える心理的強制力はとても大きいのだ。

だが、想像力に乏しい千絵は、試験観察中の逸脱行動がどのような結果をもたらすか、分からない。「このままだとここには居られなくなるよ」「これでは社会ではなく、少年院での教育となるよ」と「穏やかに恫喝《どうかつ》」するのだが、ブレーキのない千絵には効かない。このように、13、14歳頃の逸脱少年たちは非行に燃え盛り、馬の耳に念仏、のれんに腕押しという状態であることが少なくない。

しかし、声を荒げてみても千絵のような子どもには効かない。穏やかな態度で、小声でしかし気持ちを込めて「穏やかな恫喝」を繰り返すことだ。

千絵は家庭、児童養護施設、児童自立支援施設、どこでも大人への暴力と暴言を繰り返してきた。児童相談所の事務室で暴れ、警察に通報しようとした職員を突き飛ばし、机に飛び乗り、書類を蹴り落とし、電話線を引きちぎった。学校でも大きな机で大の字で寝るなど、学校の指導にも従わない。

前夜の指導の後も、同じ入居者の青年が千絵に「早く寝るように」と声をかけたところ、声を荒げて反発をしたと報告があったばかり。そのあとの学校からの電話であった。周囲からは「家庭裁判所による試験観察中にもかかわらず反省が深まっていない。少年院で教育を受けたほうがよい」という意見が高まってきた。

翌日は家庭裁判所の審判予定日であった。あと1日だけ静かにしていれば試験観察は終了なのに、最後の最後でどんでん返しである。

「帰宅したら、本人と話し合ってみよう。付添人の三浦弁護士とも今後の方針について話し合いだ」

今後の方針について、選択肢を考えた。千絵の態度次第によっては、いったん少年院などでの矯正教育を受けさせ、再度土井ホームで引き取るという方法も視野に入れねばならない。

審判を前に、家裁調査官、保護観察官、弁護士、教師、児童福祉司……少年にかかわる人々と繰り返し意見交換、情報交換をおこなった。千絵にも帰宅後２度ほど面接をした。同級生の智津子《ちづこ》の言葉に逆上し、また怒りが爆発したようだ。

審判まであと18時間。ここは千絵の特性に沿って、想像力が働くように話をする必要がある。「このまま暴行を繰り返すと、もう土井ホームにはいられないんだよ。それでも本当にいいのかい」と改めて「穏やかに恫喝」した。自分の行為がどのような結果を招くかを学習させ、それと同時に、守られているという実感を持たせてやりたい――ギリギリの落としどころを今夜はじっくり考え、明日午前中、関係者と協議し、一気に決着だ。

千絵は結局、裁判所によって女子少年院へ送致された。法的には、ここで私たちと千絵との縁は切れる。だが、ここからが本番である。毎月、手紙を出し、少年院に面会に行った。挫折感にくじけそうな母親のまゆみを励ましては面会に赴かせ、切れそうな絆を手繰り寄せ続けた。

１年後、千絵は帰ってきた。以前は隠れて悪いことをしていた千絵だったが、帰ってきてからは隠れて良いことをするようになった。今まで嫌っていた洗濯や洗濯物干しを買って出て、気がついたらひとりで草取りをするなど大きな変化を見せたのだ。

そして土井ホームの多くの子どもたちがそうであるように、18歳で高校に入り、大きな成長を見せ、やがて巣立っていった。

よりそいポイント

いったん切って、つなぐ

ホームや学校内での暴力が重なると、家庭や学校との関係をいったん「切る」ことを視野に入れた処遇検討が始まります。他人の安全を脅かす行為は許されないことと、早期の更生が可能とは考えられないことがその理由です。

最初の事例でも書きましたが、子どもの支援はマラソンです。ひとつの家庭や施設だけでは解決できない課題も山ほどある。だから、社会の中での教育から児童自立支援施設や少年院での教育への方向転換を経て、改めて関係を「つなぐ」過程を検討することも時には必要なのです。

忘れてならないのは、切った絆の端がなくならないよう、しっかりと心で握り続けておくことです。

学校内暴力　まとめ

1　根気強く、丁寧に子どもを観察し、特性を知る。

2　子どもと波長を合わせ、興味があることに心を寄せる。

3　言葉のシャワーをかけ、困った時は言葉で伝える約束をする。

4　謝罪や和解の手本を見せて、学ばせる。

5　関係性をいったん切っても、絆は手放さない。

用語解説

暴力アスペ

「暴力性を伴うアスペルガー症候群」を略した呼び方。アスペルガー症候群は高機能広汎性発達障害に分類される自閉症のひとつのタイプ。知的障害を伴わず、社会性やコミュニケーション能力などに障害が認められることが多い。アスペルガー症候群の子どもの中でも周囲の大人が脅威を覚えるような暴力を伴う発作的興奮を繰り返す者は「暴力アスペ」と呼ばれ、学校関係者を悩ませている。

メタ認知能力

「認知を認知する能力」と言われ、自己観察と自己統制の力から成り立つ能力のこと。虐待を受けるとこの能力が基礎から破壊されるが、発達障害の子どもは生まれつきメタ認知能力がぜい弱だとされる。

病的解離

親からの虐待などの不適切な養育が続くと、子どもは苦痛を覚えるような場面、事実を直視しなければならない場面に、心のスイッチを切る（解離）ことで対処しようとする。だれでも経験するような正常解離に対して、社会生活に支障を及ぼすようなケースを病的解離と呼ぶ。

第2章 家庭内暴力

子どもから大人へ。思春期の子どもたちの心の内面は、嵐の海に浮かぶ小舟のように揺れ動いています。言葉にできないモヤモヤ、イライラから、つい親や家族にきつく当たったり、暴れたりすることもあるでしょう。「家庭」とは、それだけ子どもが安心して素顔の自分をさらけだせる「港」のような場所なのです。

しかし、わが子からの耐え難いほどの暴力に悩んでいる親や家族も大勢います。ある日突然人が変わったように暴れるようになったり、実際に危害を加えられて命の危険を感じたり。誰にも相談できない日常はどれだけ重く、苦しいものでしょうか。

彼らの多くは、知的障害や発達障害など、発達上の課題を抱え、「育てにくい子であった」という声をよく聞きます。目を合わさず、抱っこを嫌がる子どもには、親はその内面に愛情をはぐくみづらくなります。親が言っていることを理解したり、意志疎通を図ったりすることが難しいために混乱し、加えてセルフコントロールが乏しいために暴れてしまうと考えられます。

障害がない子どもの場合でも、幼少期に存在を否定されるような暴言や過酷な暴力を受けて育っています。そして、彼らは、自分の親と同じように「暴力」でしか自己表現ができず、「怒り」や「恐怖」以外の感情に気付けないまま成長したように見受けられます。

「親に愛されたい」「親の期待に応えたい」と思うあまり、自分の本心に蓋《ふた》をし、あるいは無理な背伸びをした結果、「怒りの貯蔵庫」に蓄積した心的ストレスをある日突然、暴力で爆発させる子どももいます。

もっと深く過去を掘り下げてみると、彼らを育てた親たちもまた同じように親から暴力や暴言を受け、「ヘルプ」を言えずに育っていたケースが実に多い。**親と子どもはお互いを映し出す「鏡」なのです。**いずれの子どもたちも、またその親も、苦しい時、困った時に親に向けて出したかったであろう「ヘルプ」のサインを、その出し方も知らずに育っています。家庭内暴力においては、こうした負のループを断ち切る努力が求められます。

親にしても支援者にしても、子どもへの怒りの感情が抑えられないようになってしまったら、自分の生育史や親との関係を振り返ってみることが大事でしょう。保護者や支援者の皆さんにとって、まずは過去の子ども時代の自分と向き合うことが出発点となるはずです。

子どもの暴力は障害の有無に関わらず、**訴えたい何かをうまく言葉で表現できない点に要因がある**ように感じます。まずは、子どもたちが訴えたい「何か」を**言葉で語れるように「言語化」を図る**ことです。やがて子どもたちが自分で自分の「物語」を語る日がくる。その時がゴールです。その日がくるまで、私は土井ホームという安心して生活できる環境を整え、根気強く言葉のシャワーをかけ続けていますす。地道ではありますが、こうしていざという時に子どもたちが「ヘルプ」のサインを出せるような関係を築いていくのです。

子育て、そして育て直しは息の長いマラソンです。1人で悩みを抱え込むことはありません。苦しい時、困った時は学校の教師や地域の人々、児童相談所などの専門家に「ヘルプ」のメッセージを送り、協力を仰ぎましょう。それは、子どもの「ヘルプ」を受け止めるセーフティーネットづくりでもあるのですから。土井ホームでの事例を通して、わが子との向き合い方を一緒に考えてみましょう。

事例1 安全な環境を用意する

ゲームをやめて宿題をするように何度も促す母親のひろみがついに激高《げきこう》して包丁を持ち出すと、飛勇士《ひゆじ》(小学5年生)はコップや本、果てはイスやテレビまで投げつけ、発作的に高層マンションのベランダから飛び降りようとした。

パトカーや救急車が駆け付けるような暴行を繰り返し、児童相談所が介入を始めた。しかし、そこでも窓ガラスを割り、職員を殴って、土井ホームにきた。

飛勇士は被害的な思考が強い「被害的な認知の固定化」や、過去に起きたことがフラッシュバックして現在のことのように感じられる「タイムスリップ」、ふたつの動作を同時に行う「協応運動」の困難など、複数の課題を抱えていた。これらと向き合うには、まず本人が安全だと感じる環境を提供することが大切だ。土井ホームで誰も彼を傷つけないことが分かると、最初の3カ月で暴力行為は落ち着くようになった。

ただ、食事の際にまるで犬のように顔を茶碗に近づけて食べるのは、すぐには直らなかった。いくら姿勢を正すように言っても、できない。そこで療育センターで診察後に身体機能を調べてもらうと、背筋力などの弱さがあることが分かった。ウェイトトレーニングやランニングなどを行うと飛勇士も身体の成長を実感できるようになったのだろう、自尊感情が高まってきた。

次の挑戦は学校への登校だった。挑戦にさきがけてホームで学習への取り組みを行うと、まるでカメラで撮影したように、開いた教科書を一瞬で把握する「カメラ・アイ（瞬間記憶能力）」の持ち主であることが分かった。

その一方で、例題を教えても応用題が解けないという「般化《はんか》」に問題を抱えていることも分かった。自閉症を抱えた世界の著名人の話をして、飛勇士の自尊感情をより高め、信頼関係を築きながら登校を促すと、数年ぶりに学校への通学を始めた。

しかし、刺激の多い学校の環境では混乱を起こすことが多かった。飛勇士の困難を説明したところ、彼の特性を理解した中学校は、個別対応の教師が生徒指導室を改造した個室で学習指導をするという環境を用意してくれた。

このような取り組みを通じて、学校での発作的に起こる興奮を収束させて、衝動を統制する力を身につけさせるという目標がおおよそ達成できた。やはり、重要なのは「環境」と「ひと」である。この条件が整うと多くの子どもが落ち着いた生活ができるのである。

よりそいポイント

まずは子どもを観察しよう

飛勇士は家庭でも児童相談所でも激しい暴力をふるい、自殺を企てる様子も見せていました。そのため、児童相談所は措置の際「登校させず、在宅指導で結構です」と判断しました。

しかし、「暴力をふるわない大人」に守られながら「三度の食事」や「清潔な布団にくるまれて安心して眠れる夜」「変わらぬ応答的な関係」など安全な日常が約束されている土井ホームではその衝動的な行動が落ち着き、学校への通学、学習もできるようになりました。つまり、複雑な課題を抱えている少年も環境を整え、周囲の大人が適切な対応をすると、気持ちが安定し、暴力行為も落ち着くのです。まず十分な観察を行い、その子どもの強みと弱みを把握し、その強みを生かす指導を心掛けたいものです。

事例2 タイムアウトをとる

大声が聞こえるので応接室に行くと、私の妹・康代《やすよ》が智子《ともこ》（中学2年生）と向かい合っていた。智子が周囲とトラブルを繰り返すので、妹が指導しようとしていた。しかし、智子は反発して大声をあげていた。いったん引き揚げたのだが、なかなか収まらないので、私も応接間に入った。対峙《たいじ》している妹は正面。私は智子の横に座った。

智子はしきりに太ももをたたき、自分の髪の毛をひっぱって、周囲の子どもへの攻撃的な内容を大声で主張している。聞いてみると「高校生のまりなが3カ月間も掃除を怠っていたのに、3回やっただけで私の番に回ってきた。ほかの子どもは私ほど手伝いをしていないのにほめられて、ひいきをしている」。そう主張しているのである。

智子はこれまで、同居の百代《ももよ》（中学1年生）を階段から突き落とし、信代（小学6年生）を玄関の土間に追い詰めて蹴るなどの暴力行為を繰り返してきた。そうした自分の言動を注意されても智子自身が受け入れられないので、ひとのことをあげつらって向き合おうとしないのである。

「少し黙って、聞いてごらん」

そういうのだが、智子はひっきりなしに大声を上げ、地団太を踏み、涙を流している。すでに30分。妹が「10分後に再開しましょう」と言った。私も賛成して立ち上がった。

「タイムアウト」である。こうした場面で、子どもの権利を一時的に停止し、双方が冷静になったところで指導を再開する手法である。煮詰まった時には、無理に介入を続けるのでなく、いったん距離を置くことだ。

10分後、指導は再開された。智子の声は2階まで聞こえてきたが、やがてそれは収まった。静かな時間が過ぎているようだ。私は書斎の窓を開けた。冷たく爽やかな風が頬をなでた。空には無数の星が輝いていた。

よりそいポイント

煮詰まったら、いったん距離を置く

激しい虐待を受けて育った子どもは「闘争」か「逃走」の反応を見せることが多い。智子は前者を選んで周囲に激しく闘いをしかけてきました。それは智子が生き残るためにこれまでも幾度となく選んできた「生存をかけた闘い」なのです。

このような場合は関係性の再構築や、子ども自身が怒りの感情を認識する時間が必要。あらかじめ対峙する時間を決めておき、話し合いが煮詰まったらいったん距離を置いて、互いに冷静になる時間を設けてみてください。子ども自身も混乱していた感情を整理し、怒りをぶつけたいという衝動を抑えるきっかけになります。

事例3　器物破損は自分で弁償させる

「おかしいですね。当店で最も丈夫なベッドなんですが」

3回目の修理の依頼に、家具屋の主任が首をひねった。

実際、ありえないほど器物が壊れる。壊れては修理の連続である。職員や同居児への暴力などをきっかけに児童養護施設から「不適応」という烙印《らくいん》を押され、土井ホームへやって来る子どもたちの行状はすさまじい。その背後には必ず子どもが内面に抱えた怒りがあり、怒りのはけ口が器物破損となっている。

児童福祉施設を訪ねると、壁に大きな穴が開き、壁紙がはがれ放置されたままになっている建物を散見する。いったん荒廃し始めると、とどまるところを知らない。暴力の嵐も吹き荒れて、施設職員との肉体的な衝突や職員の退職などが相次ぐ。環境の荒廃が心の荒廃に直結するのだ。

だから、土井ホームでは破壊されたら、ただちに業者を呼んで修繕する。そして請求書を示して、子どもの小遣いから弁償させる。小中学生は小遣いが少ないので大半は私が負担する。また、こうしたことを前提に日々小遣いを渡すシステムを取っている。それでもしばらくは小遣いがなくなるので、その行為の結果を本人に自覚させるにはいいと考えている。こうした取り組みで、器物破損や子どもの暴力行為を止めてきた。

えつか（小学6年生）の場合、土井ホームにきて早々に買ったばかりの衣装タンスを叩き割った。早速、小遣いから弁償するように言ったのだが、今度は所持金もないのに通信販売でタレントグッズを注文していた。届いた代引き商品に困った妹は代金を支払ったようだが、私は一度でも支払いを肩代わりすると味を占めて続くので、今後は絶対に支払わないようにと言った。支払いを拒否したら、二度と注文ができない。

自分の行為がどんな結果を招くのか、子ども自身に認識させる。こうした「葛藤を抱えさせる指導」の最終的な目標は、子どもの内面の葛藤や怒りをことばで表現させる「言語化」にある。ただし、虐待によるトラウマを抱えている子どもに急いで言語化を試みると、より混乱を招き悲惨な結果に陥ってしまう。

まずは安全な環境の中で、「困った時はまず、言葉で相手に伝えてね」などと、問題行動の代わりとなる具体的な行為を教え、会話の楽しさを経験させる。こうして関係性を深め、守られているという感覚を育て、内面に言語化の準備が整ったところではじめて「傷ついた体験を含めた物語」を語らせる。ここがゴール。その日までは階段を一段ずつ、焦らず根気よく一緒に歩んでいく。

よりそいポイント

「硬質のゴム」の心で接する

器物を破損するなど逸脱傾向のある子どもには「葛藤を抱えさせる指導」を試みてください。たとえば「物を壊せば、自分の小遣いが減る」というように、自分の行いが自身の不利益につながることをきちんと認識させることが大切です。

この指導には、大人の側にも根気と譲らない強さが求められます。繰り返し同じ問題行動を起こしても折れない強さを内面に秘め、子どもの言葉遣いや問題行動に対して時には固く限界設定を守り、時には柔軟に対応しましょう。先に約束を交わしておくと、より有効な指導となります。

一般に、トラウマを抱えた青少年は、混乱した生育環境で生き延びるために「解離」など様々な術《すべ》をもって日常をサバイバルしてきました。そのためこちらの指導を簡単に受け入れようとはしません。けれども、「解離」のメカニズムに詳しいフランク・W・パトナム氏は、そうした青少年に対しては「石頭」になり、「一貫性」と「継続性」を保ち続けるように推奨しています。それと同時に、発達の位相に従って柔軟な対応も求められます。つまり、支援者は「鋼鉄の壁」でもなく、「わらの壁」でもない、柔軟ではあるが意志は硬い「硬質のゴム」の心での対処が重要なのです。

事例4 謝罪のプロセスを歩ませる

紅美《くみ》（中学2年生）と裕美《ひろみ》（小学6年生）に逸脱行動があったので、今夜は特別指導をおこなった。夜に部屋の窓から抜け出し、近所の年長少年が盗んだバイクの後ろに乗って暴走したというのだ。同じように部屋を抜け出した宏子《ひろこ》（中学1年生）は、パトカーに追跡されている最中に転倒。宏子のケガに気づいた妻・えり子の報告を受けて、紅美と裕美を応接間に呼んで指導を始めた。

当初、本人たちは行為そのものを否定した。が、こちらも事実関係を確認して臨んでいるので少しも揺るがない。ひとつずつ事実を確認し、毅然《きぜん》としているが穏やかな態度、凛《りん》とした口調だが小声で、しかも明瞭な声で彼らの行動を戒めた。声は荒げない。土井ホーム流に言えば「優しい恫喝《どうかつ》」である。

「パトカーにはカメラが搭載されているんだよ。逃げている途中、パトカーのほうに振り向いたそうじゃないか。早朝には警察官がやってくる。どうするんだ」

否認していたふたりも表情がだんだんと険《けわ》しくなる。

「わが家に残るのか、あちら（少年院や児童自立支援施設）に行くのか、時間を与えるから考えてきなさい」と課題を与えた。〝半落ち〟だった紅美も自室に戻り、裕美がすでに事実を認めて真摯《しんし》に謝罪したことを知って、陥落。

「すいません。二度としません。高校進学に向けてがんばります」

そう言って、紅美と裕美は頭を下げた。

「では今回限り許すが、次回はないよ」

「ありがとうございます」

「ところで、走っているときはどのような気持ちだったのかな」

「爽快でした」

「そうかい？」

私のおやじギャグに紅美と裕美が笑った。

「でもなー、宏子のように軽傷でも先生たちは心配するよな。バイクに乗って暴走はしないほうがいいな」

「はい。心配かけてすいませんでした」

自分の言葉で謝罪を述べて、真摯に反省をすれば許される。このことを実際のプロセスを経て学ばせて、今回の指導を終了した。またしばらくしたら同様の事件を起こすだろうから、繰り返し指導していく必要がある。この過程をきちんとやっておくと仮に少年院に行っても次につながるのである。

よりそいポイント

安全を脅かす行為は許さない

その後、紅美と裕美は暴力行為によって、土井ホームを離れることとなります。

裕美は1年以上、児相保護所生活を送った後、元の施設に引き取られました。

紅美の場合、最終的には学校での暴力行為で学校から裁判所に通告され、少年院送致になりました。この事例の前にも2度ほど暴力行為があり、家庭裁判所に社会での処遇を願い出てきましたが、3度目の出来事だったため少年院送致もいたしかたなかったと考えています（ちなみに、再入所した紅美は確かな更生の道を歩み自立しました）。

裕美の場合、土井ホームだけにとどまらず、学校に刃物を持ち込み級友の首筋に突きつけ、学校外でも窃盗を繰り返していたため、土井ホームの措置解除も時間の問題でした。

周囲の安全を脅かす行為には、保護者にも厳しい決断が求められ、少年院への送致がいたしかたない場合もあります。その判断基準は、本人の更生の可能性と同居児や家族の意見です。安全が最優先ということは言うまでもありません。

事例5　薬の処方より関係性の処方

「多美子《たみこ》、薬を飲みなさい」

妻のえり子が多美子（中学2年生）に向精神薬の服用を促した。珍しく逡巡《しゅんじゅん》しているようだったので、妻が重ねて言った。

「もう終わりは近いと思うよ」

私も同意して「そうそう、もう少しだな」と言った。そのやりとりを聞いて、めぐみ（小学6年生）や正美《まさみ》（中学1年生）、やす子（中学2年生）など薬を服用している子が集まってきた。

「本当に終わることができるのですか」と口々に聞いてきた。

「麻衣子《まいこ》（高校2年生）やあゆみ（専門学校1年生）も以前は飲んでいたが、今はいらないだろう。やめたんだよ」

「えっ、あの麻衣子さん、飲んでいたんですか？」

今はすっかり穏やかになって安定した生活を送っている麻衣子が自分たちと同じだったと聞いて、子どもたちは驚いた表情を見せた。

教室で落ち着かない、突然激高して暴力をふるう。こうした子どもたちの存在が教師や保護者、専門家を悩ませているが、現在のところ対処の主流は向精神薬の服用という薬物療法である。実際に心理療法と比べて結果が出るのが早く、効果が目に見えて顕著《けんちょ》だというのがその理由だろう。

ところが、土井ホームでは薬物療法でどうにもならない子どもたちが、「生活」を通じた対応で次々と薬を必要としなくなり、安定していく。

薬をやめている〝先輩〟がいることを改めて知った子どもたちの表情は、実に明るかった。服用している子どもたち自身も薬がなくては衝動が統制できない現状を悩んでいたのだろう。そして、身近に予後の良い子どもたちがいることを知って、未来への希望をもったのではないか。重視したいのは、薬の処方より関係性の処方なのである。

よりそいポイント

穏やかな日々を与え続ける

夜眠れない、不安が高まるというように、生活上に支障があり精神面の安定を目的に薬物療法を行っている場合、薬をやめること自体に主眼を置いてはいけません。そこが大事なわけではないのです。

重要なのは、愛情と言葉のシャワーをかけながら、周囲の大人が日常的にその子の精神が安定するような、穏やかな対応を続けること。子どもたちにとって、穏やかな毎日の暮らしという薬が最も有効であることは間違いない事実です。

何気ないあいさつ、三度の食事、存在を肯定する声がけなど、「ここにいていいんだ」と安心して生活できる環境の中で、子どもの内面の回復力（レジリエンシー）や強靭でたくましい力（ストレングス）が働き始めます。その結果、気がつくと薬が必要なくなっているケースは多く、最終的には医師に状態像を伝え、その協議と同意のもと離脱するのです。

事例6 「わからない」が言える関係を築く

「克実《かつみ》さんが私の牛乳に指を突っ込んだので交換してください」

朝食時に、亜紀子《あきこ》（小学6年生）が突然そのように訴えた。

「なんで、そんなことを……」と叱責しようとする妻を制止した。正面からその場面が見えていた私には、意味がすぐに分かったからだ。

克実（中学1年生）は、眼と手の協応運動がうまく連携できていないために、テーブルの中央にあるスイカを取ろうとして、コーンフレークの牛乳の器に指を突っ込んだのだ。克実が昨日、高価な皿を割った背景にも同じような理由があったのだろう。

自閉症の子どもは、こうした身体性の問題（発達性協調運動障害）や感覚過敏の問題を抱えていることが少なくない。結果として、叱責されることばかりが増えて、自尊感情を低下させることになる。

他にも同じような例がある。出張前に「夏休みの宿題を仕上げておくように」と言って出たのだったが、帰ってみると真智代《まちよ》（中学1年生）が書道の宿題をやっていなかった。「夕方までに」と再度指示を出した。夕食時に「終わっているかい」と聞くと、まだやっていなかった。妻はおかんむりである。

思い当たる節があったから「書道に使う墨ってわかるかい？」と言った後、私は書斎から持って来た墨を示して、使うように言った。

「わからないことがあったら、わかりませんと言っていいんだよ」

真智代の顔が明るくなった。「おばちゃんから聞かれた時に、わからなかったけれど、わかると答えてしまった」と言った。

知的障害のある子どもはこのように、「わからない」ことでも「わかった」顔をしてしまう。だから、わからないことを素直に言える関係性を築くことが重要だ。そして本当の家庭でかけられなかった「言葉のシャワー」を浴びせ、体験する場面を増やし、語彙《ごい》と体験の貯蔵庫を満たしてやりたいと考えている。

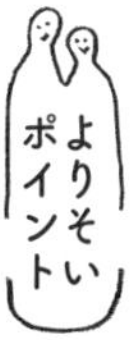

特性を見極めよう

子どもの自尊感情は周囲の大人によって育まれます。たとえば、発達障害の子どもの場合、叱責されても表情が変えられず、「反省がない」とさらに叱責されて、自尊感情を低下させてしまいます。

まず観察あってこその支援です。ただ、目に見えていることだけが、すべてではありません。観察を通して「同じような失敗をするのは、どうしてだろう」などもう一歩踏み込んで特性を見極め、その子が抱えている困難を早く理解し、適切な対応を行いたいものです。

事例7 軽く叱って、しっかり褒める

ゆかり（中学2年生）が学校に禁止されているゲーム機や漫画、刃物《はもの》を持ってきていたと、クラス担任から電話があった。

「12月に予定している校外学習まで学校のルールが守れないようでしたら、自宅学習にします。いかがでしょうか」

「異存ありません。わが家でも朝起きてこないなど、同様に日課を守らないことが見受けられるので、指導をしているところです」

ホームに戻り早速、帰宅したゆかりに指導した。学校で十分指導されてきただ

ろうから軽い口調で叱ると、ゆかりも明るく「わかりました」と言った。私たちは、叱る際に大きな声で長時間指導しがちだが、こうした指導はあまり効果がない。子どもが心のスイッチを切ってしまうからだ。

そのゆかりがある日、帰宅するなり誇らしげにこう言ってきた。

「88点ですよ、88点」

「どれどれ。あらっ、ほんとうだ。たいしたもんだ！」

そう言われてゆかりは満面の笑みだ。中高校生の試験の結果が帰ってくる時期。最初にゆかりが結果を持って帰ってきたのだ。その日は3回、同じことを言ってきた。よほど嬉《うれ》しいのだ。翌朝の朝食で私は皆の前でゆかりのテストのことを話題にした。周囲の大人も「字がきれいよね」と言った。

「びっくりぽんよ！」

私と妹の声がピッタリあったので、大笑いになった。周囲の反応を見て、ゆかりは小鼻を膨らまして、胸を張った。

ゆかりは入所以来、問題行動ばかりだった。当然叱られることが多い。しかし「軽く叱ってしっかりほめる」と「いいところさがし」を繰り返した。すると毎月やってくる重田《しげた》児童福祉司が「表情がよくなってきました。変化を実感します」と言うようになった。確かにそうだ。私たちが帰宅すると、駐車場まで子どもたちが迎えに走ってくるが、ゆかりは先頭になってやってくる。「おかえりなさい」と言って、荷物を運ぼうとする顔が実に明るい。
今朝も台所で「お母さんと兄ちゃんが年末に会いに来るぞ」と小声で伝えると、「はい」とゆかりはうなずいた。多くの確かな大人の心に支えられ、少女はわずかだが、確実に成長の歩みを進めているようだ。

よりそいポイント

いいところを探そう

軽く叱って、しっかりほめる。これは子どもの自尊感情を高めるために覚えておきたいバランス。叱り始めると大人はついつい時間を忘れがちですが、私は3分で指導を終えるようにしています。そして最後は必ず、ほめて終わります。「最後までよく聞けたね」。ほめることで子どもは気持ちが前向きになります。「どこをほめたらいいのか分からない」という方は、日ごろからわが子の「いいところさがし」をしてください。大声を出す子なら「返事の声が元気いい」、ゲームにばかり熱中する子なら「集中力はある子だ」といった具合です。しっかりほめるから、叱る言葉も響くのです。

事例8 地域の見守りに感謝

春の木の芽時と秋の木の葉散る時期は、不調になる子どもが多い。季節の変わり目に鬱《うつ》っぽくなったり、逆にハイテンションになったりといろいろな症状を見せる。その変化は一年周期だけでなく、月々にもある。土井ホームの子どものように、発達障害と精神医学的症状が重複した状態でやってくる子どもの場合は顕著だと思う。

そんなことを考えていた時、隣家の吉田さんがやってきた。「子どもさんが卒業を迎えたのでしょう」と言って、お祝いをくださった。美千代《みちよ》（18歳）にはフレッシュマンスーツ10点セット、恵美《えみ》（中学3年生）には高校の制服だ。入学費をはじめ目が飛び出るほど物入りの時期だったので、本当にありがたかった。

わが家にくる子どもたちは、思春期病棟や児童心理治療施設からくることが多く、新しい環境に慣れるまで大声や奇声を上げることが少なくない。子ども部屋に接しているために、お隣の家にはこうした声が容赦なく聞こえているはずだ。

そうした子どもたちが半年、1年と経つうちに、穏やかな態度で挨拶をするようになり、お隣の庭先で猫を可愛がりながら吉田さんとも話すようになる。吉田さんはそうしたコミュニケーションの中で、うちのホームの子どもたちの変化を感じていたのだろう。最近も妻や妹と立ち話をしながら、「秀明《ひであき》ちゃん、本当に落ち着いたわね」などと見守ってくださるうえに、野菜や果物を「子どもたちに食べさせてあげて」と差し入れてくださる。

「その節は秀明がずいぶんご迷惑をかけましたね」

「ほんと、最初は動物園の横に越してきたかと思ったわ」

そうして、皆で笑った。笑える過去になった。

問題のある子どもや障害のある子どもも、地域の一住民であることは、理屈ではわかる。しかし、受け入れる側にとっては現実には厳しい面もある。土井ホームも過去、近所の苦情に対応せざるを得ないことが多々あった。そうした積み重ねの上で今日の周囲の理解があると思うと感慨深いものがある。

よりそいポイント

子どもの成長を地域で見守る

以前は福祉施設といえば人里離れた地域で孤立するように建てられていましたが、今では変わりつつあります。地域の人たちが子どもたちや障害のある人々に声をかけ、愛情のシャワーをかけることによって、地域全体にいい「声がけ」の輪が生まれるという長所があるからです。

秀明（中学3年生）には、お隣の吉田さんからの評価を伝え、周囲に成長を受け止めてくれる人がいることを話しました。このように、二者間の評価だけでなく、第三者の評価を伝えていくことは子どもの成長にも良い効果があります。

障害の有無にかかわらず、子どもの健やかな成長には周囲の大人からの温かな言葉のシャワーが欠かせません。地域の子どもには「こんにちは」「元気がいいね」と声をかけながら、そののびやかな成長を見守りたいものです。

家庭内暴力　まとめ

1　子どもが安心できる、清潔で気持ちのいい環境をつくり、保つ。

2　わが子をじっくり観察。いいところを探してほめる。

3　愛情あふれる言葉のシャワーをたっぷりかける。

4　いざという時は一歩も退かない厳しい姿勢を貫く。

5　煮詰まったら子どもと距離を取り、専門家に「ヘルプ！」。

第3章

非行・少年犯罪

テレビや新聞などの報道を見ていると、近年あたかも少年犯罪が増え、凶悪化しているように感じます。しかし平成29年法務省犯罪白書によると、少年犯罪による刑法犯の検挙人数は、じつは平成16年から13年連続で減少しているのです。減少するのは喜ばしいことですが、だからこそ1人ひとりの非行が目立つ傾向にあるともいえます。万引きや恐喝、暴走、窃盗、傷害……わが子が逸脱した問題を起こした場合、家族はわが身が凍る思いがします。統計上の数字など関係なく目の前の子どもの問題が人生の100%を占めて、闇に突き落とされたような心境に違いありません。

土井ホームにも傷害や窃盗などで少年院送致となった子どもたちが出院後にやってきます。学校や家庭で暴力問題を起こす子どもたち同様、社会で罪を犯す子どもたちもまた、発達障害のように他人とうまくコミュニケーションがとれない場合や、親からの虐待など劣悪な環境の中で育ってきたケースが多く見られます。

とはいえ、犯した罪は償わなくてはなりません。度重なる指導にもかかわらず反省の色がなく犯行を繰り返した場合、時には少年院送致など厳しい審判が下されてもいたしかたありません。社会とのつながりを断った矯正施設は、子どもたちを非行の芽から遠ざけるきっかけになる場合もあります。ここで子どもたちとの絆を手放さないことこそ、支援者に必要な覚悟だと感じています。

何より心配なのは、出院後の子どもたちの行き場です。子どもたちは必ず社会に戻ってきます。ひとつボタンを掛け違えれば、誰でも安定した生活のレールから脱線してしまう。そんな恐れを感じながら、怯《おび》えるように暮らす人々が世代を越えて増えている社会です。こうした世の中で、社会の周縁部に追いやられてしまった人が立ち直り、自立をした生活をするのは大人ですら容易なことではありません。犯罪のレッテルを貼られた子どもたちを迎える親や家族が社会で孤立しないよう、第三者の協力を仰ぎながらのケアが重要だと感じています。

土井ホームにやってくるような、帰る実家や頼れる家族さえ持たない少年少女たちもいます。そんな彼らに私は何度でも「いつでも帰ってこい」「私たちは家族だよ」と声をかけ続けたい。**帰れる場所があるということは、挫折した彼らが社会と再びつながりを持てる希望があるという証《あかし》だからです。**

いつの時代も、親や家族にとって子どもの非行や犯罪は受け入れ難い問題です。しかし、非行から更生し、社会へ巣立っていった子どもたちも確かにいます。親や家族、そして支援者はどのように対処したらいいか、土井ホームの事例が少しでもお役に立てることを願っています。

事例1 非行にブレーキをかける

次郎《じろう》（中学2年生）がやってきて、毎日がジェットコースターに乗せられたような気分だ。彼が毎日、朝昼晩と激しく非行を行うからだ。

盗んだ自転車で登校し、ジャックナイフをこれみよがしにちらつかせ教師や同級生の顔をひきつらせたかと思えば、下校途中に万引きをするという具合だ。

次郎は2歳で自宅を全焼させた。この火事を契機に離婚した父親は、子どもを抱えて働けないと祖母の弘子に次郎を預けた。勝手に外出する次郎の行動を止めようと弘子が玄関の高いところにカギを付けても、上手に開けて出ていった。そして、見知らぬ家に上がってかくれんぼを始め、帰宅を促す家人に「なんで？」と言ったという。

やがて、次郎は捕まえたカエルやウサギの頭と手足に、まっすぐ伸ばした安全ピンを刺して解剖するようになった。この段階で社会の支援があれば、次郎の人生も少しは違う軌跡をたどったのではないだろうか。このころから次郎の非行は、祖母の弘子や隣家の叔母夫婦には到底手に負えるものではなくなり、わが家にやってきた。

わが家でもすぐ、部屋の中で火を噴射させた。ライターの火に向かってスプレーを吹きかけ、火炎放射器のように火を飛ばしたのだった。周囲を脅かすその炎のように、次郎は家の内外で問題行動を噴射させ続けた。

次郎が家出や深夜徘徊《はいかい》をするたびに、携帯電話2台をガンマンのように持った中学校の生徒指導部の教師たちとホームのスタッフ10数人での捜索が続いた。ある日、父親が暴力団組員という同級生の家で、次郎がシンナーを吸引していたことが発覚。このままでは組員、もしくは準構成員になりかねなかった。ブレーキのない車でアクセルばかりをふかすような次郎。環境を変えることが彼の非行を止めるブレーキになればと思い、児童自立支援施設への送致を決断した。

だが、送致された児童自立支援施設を3日で脱走し、次郎は無賃乗車をしながら戻ってきた。夕方、調理をしている妻のえり子の目に、隣家の屋根の上でこちらをうかがう次郎の姿が飛び込んできた。

「あなた、急いで。次郎が帰ってきているわよ」

その声に飛び出した私は、彼に声をかけた。

「すぐ降りてきなさい」

次郎の顔はうす汚れていたが、目だけはジャックナイフのように鋭かった。

「どうしたんだい」

「あそこにいるのは辛い」

「わかった。明日、児相に電話して帰してもらおう。今日はご飯をしっかり食べて、お風呂に入ってゆっくり休みなさい」

次郎は屋根を降りて、わが家へ戻ってきた。

よりそいポイント

孤立・排除でなく包括・包み込む

社会に牙をむき、警察沙汰になるような非行を繰り返す子どもも、丁寧に観察していると脆《もろ》く弱い一面を持っていることに気づきます。次郎の場合は児童自立支援施設での厳しい生活指導が、どうにも我慢できないほど辛かったのでしょう。土井ホームという「家庭」が、彼にとって無賃乗車という罪を犯してまで帰りたかった居場所ならば、たとえ一日でも「帰りたい」という願いをかなえてやりたかった。そうすることで非行少年に「自分にも帰っていい場所」があるのだと学ばせることが大事です。「包み込む」から「絶つ」、そして「繋《つな》ぐ」、やがて「離れる」という過程を想定し、まずは「包括《ほうかつ》する」ことです。

事例2 手を放さない

児童自立支援施設を脱走し土井ホームに帰ってきた次郎だったが、翌日の朝、彼が寝たベッドはもぬけの殻だった。「どうせ施設に帰すに違いない」。大人への不信感が固い鎧《よろい》のように身についてしまっている次郎は、そう疑ってわが家を飛び出したのだ。そして、駅前で窃盗と恐喝を繰り返した。

「これはもう、家庭裁判所（家裁）の審判にかかるに違いない」

そう考えた私は家裁へ「穏便なる処置をお願いしたい」という旨の上申書を書き始めた。しかし、間もなくかかってきた警察からの電話で、その上申書はまず通らないと思い知らされた。

次郎が11人の中高校生に対して恐喝行為に及んだばかりか、そのうちの４人の被害者に頭からライターオイルをかけ、火をつけたというのである。やがて、彼を逮捕したという連絡を受け、警察署の留置場に差し入れをもって訪ねた。

次郎の目は攻撃的につり上がっていた。強いストレスを受けて緊張状態が持続する過覚醒《かかくせい》状態になっているのだ。到底、話は通じないと考え、差し入れだけを置いて帰ってきた。

次郎は再逮捕され取り調べが延長された後、少年鑑別所に送致され、ここでも鑑別期間の延長で心身の状況を調べられた。家裁調査官との面接で私は、次郎の生育歴を詳細に述べた。

やがて、家裁から審判の呼び出しがあった。審判の席上では旧知の裁判官が審判官となり、裁判官、調査官、弁護士が交代で次郎に声をかけ、質問をした。最後に裁判官が私の意見を聞いてきた。

「預かって半年、可能な限りその更生が進むように取り組んできましたが、残念ながら力及ばず、今回のような重大な事件を起こしました。矯正教育（少年院での教育）もいたしかたないと思います。しかし、今後も少年に寄り添っていきたいと思います」と私は述べた。

私の取り組みを知る裁判官はいつものように「ご苦労様です。よろしくお願いします」と声をかけ、頭を下げて閉廷を告げた。この裁判官も少年院に送致した少年のその後を気にかけて、見に行くようなひとであった。

次郎が少年院に行って2カ月たったころから私は面会に通い始めた。次郎は丸刈りになって、目も穏やかになっていた。

「どうしているかい」

「（法務教官の）先生に、毎日ノートを点検してもらって、面接をしてもらっています」

粘土を壁に投げつけるような、かつての次郎の言葉が少し和らいでいた。わずかながら語彙が増え、深みを増しつつあるように感じた。差し出した紙パックのジュースを時々飲みながら話した。

「帰ってくるのを待っているぞ」

「よろしくお願いします」

その後、担当の進藤保護観察官から電話があった。

「少年が土井ホームへの帰住を希望し、先生も『帰ってこい』と言われていると聞きました」

「はい。18、19歳ならともかく、14歳の少年の手を放すわけにはいきません」

「そうですか……わかりました。よろしくお願いします」

どこか不安そうな声でそう言い、進藤保護観察官は電話を切った。

よりそいポイント

面会に通い続ける

少年院では社会との関わりが薄れるため、入院すると社会から見放されたような気持ちになる子どももいます。一方で、自由が制限され規律正しい少年院での生活は、非行の誘惑が絶えない社会と違い、荒れていた子どもの精神状態が落ち着くいい機会でもあります。

「実社会から離れて、どんな心境の変化があったのか。更生の芽が出ているのではないか」——少年院に送致され、たとえ土井ホームとの関係が切れた子どもでも私が必ず面会に行く理由は、そんな可能性を信じているからです。面会は「お前を信じている大人がここにいるぞ」というメッセージ。伝え続けることが大切です。

事例3 「物語」を語る日を待つ

前の事例で話した、進藤保護観察官の懸念は当たっていた。出院した次郎はまた激しく非行を始めた。同居の少年を殴り鼻の骨を折ったほか、夜間徘徊を繰り返した。そして事件を起こすたびに家出を繰り返した。

ただ、家出をして姿を消したならそれで終わりなのだが、次郎は家出先から毎日電話を入れてきた。

「外で働きます」

「働いていいよ」

「いえ、働くんです」

「だから、働いていいよ。働いていいから帰ってきなさい、家族だろう」

非行、家出、帰宅。非行、家出、帰宅、が3年間続いた。「帰ってきなさい、家族だろう」と私は何百回、何千回もこの言葉を繰り返した。

17歳になった次郎に私は言った。

「今まで外で働いてみて分かっただろう。高校に行きなさい」

「いやです」

子どもたちのほとんどがこうした返答をする。だが知っている、本当は高校に行きたいのだ。その背中を軽く押してやる必要がある。

「あのね、あの高校の校長先生には、毎年菓子箱の下に小判を並べて持って行っているの。『よろしくお願いします』と頭を下げたら合格するの」

「そうなんですか」

見え透いたような話にのって、次郎はそれから勉強に取り組み始めた。学力はおおむね小学校低学年の段階で止まっているので、そこから始める必要がある。分数や3桁の足し算など基礎的なところから、ゆっくり丁寧に教えていく。

ある日、慣れない勉強に取り組んでいた次郎が言った。

「先生、肩でももみましょうか」

その無骨なもみ方に身を任せていると、次郎がこうつぶやいた。

「先生ね、考えてみると先生と出会ったのは、ぼくが非行したからですよね」

非行するということは、家庭や学校や地域社会から嫌われ、排除されてしまうことだ。しかし彼は、その非行という行為によって初めて信頼できる人との出会いがあったと語っているのである。傷ついた体験を含めた自己の「物語」を次郎自身が創造しはじめた瞬間だった。

次郎はその後、働きながら高校に通った。そして数年前、一輪のカーネーションをもって母の日に土井ホームを訪ねてきた。

「その節には迷惑をかけました」

一輪の花を妻に差し出すと、妻の目に涙があふれてきた。

「ありがとう。なによりのプレゼントだわ」

花がそうだったのではない。次郎に更生と感謝の気持ちが生まれたこと、それ自体が大きな贈り物なのであった。

よりそいポイント

気長に、焦らず、待ち続ける

ひとが回復・更生に要する時間は、そのひとの年齢に準じた時間が必要だと私は考えています。長く蓄積されてきた根深い大人や社会への不信感を埋める。信頼できる誰かとつながる。そして自己の様々な体験を踏まえながら、「今はこう思える自分がいる」という「物語」を本人が語り始める。それまでは、支援者にも気の長い取り組みが求められます。

未来へと続くその「物語」を聞くことができた時のよろこびは、何物にも代えがたいものがあります。子どもたちの方から絆をつなごうとする私たちを拒否しない限り、先を焦らず気長に「物語」を紡《つむ》ぎ出す日を待ち続けたいと私は思っています。

事例４　大人への不信感をほどいてやる

「家に帰ったら、あの親に殺されてしまいます」

少年院で仮退院後の帰住先を自宅にするかどうか、保護観察官に聞かれた健太《けんた》郎《ろう》（中学2年生）はそう答えた。

少年院に入る前、健太郎は母親と姉の3人で暮らしていた。ある日、家事や育児に無関心だった母・美幸《みゆき》に健太郎が「親らしく子どもの世話をしてほしい」と言うと、美幸は姉の暢子《ようこ》に健太郎を激しく叩かせた。そして「お金を何とかしなさい」と命じたという。

健太郎の頭に思いついたただひとつの術は、盗みだった。彼は何度も同級生の家に金を盗みに入った。その金額が300万円にも達した頃、刑事が張り込みを始めるなど地域は大騒ぎとなり、健太郎は捕まった。その時に彼は「これで盗みをしなくてもいい」とホッとしたという。

警察で取り調べが始まった。「なぜこのような多額の窃盗を働いたのか」という質問に無言を貫いていた健太郎だったが、最後にポツリと「母親が……」と答えた。しかし、母親が窃盗教唆《きょうさ》を否定しているという少年係の警察官の言葉を聞いて、奥歯がかみ砕けるようなくやしさの中で健太郎は少年院に送致された。

少年院退院後、健太郎はわが家にやってきた。同居の亮《りょう》が私のところに来て、「今度来た健太郎は大変な少年ですね」と言った。大変な少年である亮が言う「大変とはなんだ」と聞いた。

すると、健太郎が私からもらった小遣いをビニール袋に入れて風呂場に持ち込み、そこから目を離さず体を洗っているというのである。目に見えない信頼や愛情は信じられない。目に見えるお金だけが自分を守ってくれる。そう信じているに違いなかった。

そんな健太郎が入居して半年が経ったある日、私のもとに寄って来てこう訊《たず》ねた。

「何をしているのですか」

「夏はお中元、冬はお歳暮、季節のあいさつをこめて、お世話になった人に贈り物をするんだよ」

それを聞いた健太郎は1週間後に私のもとにお歳暮を持ってきた。「ここに来て初めて心配せずに3食を食べ、風呂に入り、ゆっくりと眠ることができた。お世話になっているから」と持ってきたのだ。

こだわりの強い健太郎は、律儀に年に2回、贈り物を持ってきた。ある時は大きな箱であった。

「開けてみてください」

「えらく気張ったな。いいのに」

開けてみると中に低反発枕が入っていた。そして、その上に自筆でこう書かれたカードが入っていた。『安らかにお休みください』。

「オイオイ。これはいかんぞ」

「どうしてですか。枕だからいいでしょう」

「いや、これは葬式の際に亡くなった故人に言う言葉。健太郎も高校に行ったほうがいいな」

翌年の春、健太郎は18歳で高校に入学。まじめに通学し、立派な成績で卒業し自立していった。

よりそいポイント

当たり前の暮らしを用意する

問題を抱えた少年たちを分類すると、2つに区分されると考えます。1つは愛情のシャワーをかけすぎて、過保護・過干渉のために、人格という根っこが根腐れしている子ども。もう1つは、無関心や養育放棄のために愛情のシャワーが足らず、根っこが枯れている子どもたちです。

非行少年は不遇少年であり不幸少年。そう私は思うのです。彼らの生育史は虐待や養育放棄など不遇なものであることが少なくありません。大人や社会を信じようとしない非行少年がなぜそうなったのか。不遇な幼少期を振り返ると、想像を越える辛い体験と対峙することになります。

彼らが一度信じられなかった大人を信じられるようになるには、どうすればいいのか。「暴力をふるわない大人」「朝昼晩の3度の食事」「心身の疲れを取ってくれる風呂」「わずかでも自分で自由に使える小遣い」「ぐっすりと眠れる夜」……少年たちの更生の芽は、案外当たり前だと思っている日常生活の中で育つのかもしれません。

事例5　絶対に、見捨てない

「弁護士事務所の木下です」

また来たか、と私は思った。非行はおおむね20歳を前に卒業するものであるが、深刻な課題を抱えた少年たちがやってくる土井ホームでは、20歳を過ぎても再犯で逮捕されるケースが年に数回ある。

惟久《これひさ》（22歳）もそうした1人。国選の弁護士が親の名前と連絡先を聞いたが、惟久は、親の代わりに私の名前を告げ、私に電話がかかってきたというわけだ。

弁護士事務所を訪ねると、木下弁護士は事件の概要を手短に話した。

「元勤務していた会社に複数回盗みに入り、逮捕されました」

「確かに本人なのでしょうか」

「ええ。会社の防犯カメラに侵入する姿が映り、電気のスイッチに本人の指紋が残っていました。また、惟久さん本人も事実を認めています」

元務めていた会社の事務所ならば、どこに防犯カメラがあるか知っていただろうに。なぜ、目出し帽をかぶらなかったのか。なぜ、指紋を残さないように軍手をはめなかったのか……不器用な惟久の顔を思い出しながら、木下弁護士との話を続けた。

「会社に被害弁済をして示談にしたいので、被害額30万円を負担していただきたい」と弁護士は事務的に切り出した。

「30万円ですか」

「ええ。本来なら百万円ほどになるのですが、直近の事件だけに絞って示談交渉をしようと考えています」

卒業シーズンの物入りの時期に予期せぬ出費は痛いとは思ったが、「出せば入る」といつものように心の中で呪文を唱え、弁護士に「申し出の件、承知しました」と答えた。その上で、「裁判所に上申書を書きましょう」と申し出た。「それはありがたい」と弁護士は答えた。

現在の司法は、刑務所で受刑させる施設内処遇より、社会に彼らを更生させ得る資源があるならば、社会内処遇を選択するケースが以前より増えた。弁護士事務所を後にし、上申書の作成に必要な時間を頭で計算しながら、惟久が留置されている警察署に向かった。

面会手続きをすると、アクリル板の向こうに惟久が照れ笑いを浮かべながら姿を現した。

「元気にしているかい」

「はい。今回はすいませんでした」

「心配しなくてもいい。今日弁護士さんと面談し、被害弁済をすることにした」

惟久の顔から笑顔が消え、不器用に頭を下げた。

「シャバに出たらきっと返済します」

これまで返済されたためしがないので、私はこう返した。

「これは返済しなくてもよい。ただし、今回までだよ」

被害弁済を終え示談が済んでいること。就労と居住地を確保していること。そして、今後も私が指導監督をする旨の上申書の提出をもって、裁判は執行猶予付きの判決となった。惟久はその後まじめに働き、時折電話で近況報告をしてくる。

よりそいポイント

自立後も、支える

現在、刑の一部執行猶予制度（※P86）が定められ、刑務所での懲役など施設内処遇の執行を一部猶予するなど、社会で処遇する流れが加速しています。私が経験した事例ですが、執行猶予中の再々犯で、弁護士も検察官も実刑間違いなしと考えていた裁判において、情状証人として出廷した公判で私が「懲役では治らない。社会で治療が必要だ」と証言し、再度の執行猶予になったことがあります。こうした中で重要なのは、非行少年を抱える家族が子どもを包容する力を維持できるように支えていくことです。惟久のようにそんな家族さえ持たず土井ホームにやってきた少年たちは、たとえ自立後であっても変わらぬ支援が必要だと考えています。

非行・少年犯罪　まとめ

1　困ったときにSOSを出す方法を教えておく。やみくもに咎《とが》めない。

2　家庭以外の場所に子どもを預けても、面会に通い続け、関係性を深める。

3　時間をかけて伴走し、大人や社会への不信感をときほぐす。

4　更生の芽が育つよう、当たり前の暮らしを用意する。

5　自立し、成人になっても見守り続け、「困ったら相談する」ひとや方法を教えておく。

用語解説

刑の一部執行猶予制度

2013年6月に成立した「刑法等の一部を改正する法律」(平成25年法律第49号) 及び「薬物使用等の罪を犯した者に対する刑の一部の執行猶予に関する法律」(平成25年法律第50号) により、刑の一部執行猶予制度が新設され、28年6月から施行されている。宣告刑を一定期間受刑させた後、残りの刑期の執行を猶予できるとするもの。

第4章

不登校・引きこもり

「不登校」や「ニート」と、「引きこもり」との決定的な違い。それは人間関係の有無にあります。「不登校」や「ニート」は友人と遊びに行くことができますが、「引きこもり」は他人との関わりを遮断し、親や家族とも口をきかなくなる場合がほとんどです。

「引きこもり」とは家庭にしか居場所のない状態を指します。平成22年、内閣府の調べによると、近くのコンビニになら行けるという「準引きこもり」状態も含めて、日本の「引きこもり」人口は約155万人とも言われています。

「引きこもり」の子どもは、自分の居場所にバリアを張り、外の世界に対して心を閉ざします。居場所に居続けられれば何の問題も起こらないため、本人も外に出るきっかけを失いがちです。特に成人以降は家庭内だけで解決しようと試みてもなかなか成果が表れにくく、引きこもりの社会活動を支援する団体など第三者による支援が必要です。引きこもっている本人へのアプローチはもちろん、本人との意思疎通ができなくなった家族への支援も必要だと考えられています。

一方、「不登校」の子どもは「本当は学校に行きたいのだが、行けない」という葛藤を抱えています。子どもには本来、環境に適応できる能力が備わっていますが、不登校の子どもは何らかの理由でこの能力が弱まっている状態にあります。「不登校」になる理由はさまざまですが、すぐには忘れられないほど傷ついた経験や、人間関係の悪化など重度のストレスが関係していることは間違いないでしょう。どんな理由であれ、親や家族は誰よりも子どもの理解者であってほしいものです。頭ごなしに怒鳴ったり叩いたりして、無理に登校させようとするのは逆効果。家庭の外で傷ついた子どもが家庭の中でも孤立してしまうと本格的な「引きこもり」になる恐れもあります。

そうならないためにも**「学校に行っても行かなくても、私たちはあなたの味方」という姿勢を伝え、「どちらを選んでもあなたを応援するよ」というメッセージを送り続けることが大切です。**子どもが自ら「学校へ行く」と言い出す日が来るのを気長に待つ。そんな「時熟(じじゅく)」を待つ態度が周囲の大人には求められます。

土井ホームにも、かつて何年も不登校だった子ども、普通に通学していたのに急に「学校がいやだ」と言い出す子どもが大勢います。一般の大人でも苦手な仕事や休み明けの月曜日の出勤はしんどくなったりするわけで、「子どもにもそういう時がある」と、どっしり構えてやろうと私は考えています。

まず、子どもが「不登校」や「引きこもり」になっても、親や家族が必要以上に動揺しないことです。「家庭」での規則正しい生活を守るように心がけましょう。朝起きてこなくても毎朝同じ時間に「おはよう」と声をかける。自室にこもりそうになっても食事を運んだりせず、リビングまで出てこさせるきっかけをつくる。

出てきたら近くの店に買い物を頼んだり、掃除や皿洗いをお願いしたり、一緒に調理をするなど、あせらずに「スモールステップ」でゆっくりと進めながら、少しでもからだを動かす機会をつくる。そして「ありがとう」「助かったよ」と感謝の言葉のシャワーをかけてあげる。

また、本人が好きな趣味のことや話題を中心に楽しい会話や雰囲気をつくる。そうしたポジティブシフトによって、少しずつ子どもの回復力は働きはじめることを、私は土井ホームの「暮らし」で学んできました。

子どもが心を開いてくれる日——時が熟すのを待つということは、容易なことではありません。親や家族の方が自暴自棄に駆られ、すべてを投げ出したくなる時もあります。しかし、わが子の「不登校」や「引きこもり」を通じて家族は再生します。やがて必ず、子どもさんの「引きこもりよ、ありがとう」と言える日がきます。「時熟」を待つ皆さんにとって、この後の土井ホームの事例が少しでも勇気や励みになることを願っています。

事例1

SOSのサインを褒める

「誰かが声を掛けてくるんです」

「なんて言ってくるのかな」

「私をからかってくるのです」

「そうなんだ」

「私が私でないみたいです」

優《ゆう》（高校2年生）がクローゼットの中から私に電話してきた。そして誰かをはばかるように不安げな小声で話した。

「警察が私を連れていかないでしょうか」

「大丈夫だよ」

「私が暴れたら病院にまた連れて行ってもいいです」

優は中高一貫校に進学したが不適応で引きこもり、私立高校に転校した。だが、それも長く不登校で、苛立《いらだ》ちを隠せず、家族に出血させるような暴力をふるい、最後に自殺企図《きと》をみせた。そのため措置入院をして、退院後わが家にやってきた。

「心配ないよ。今元気にしている智津《ちづ》（中学2年生）もここに来た時には暴れたことがあるし、恵子（22歳）は君と同様に幻聴があった。それでも2人とも今は元気に働いているだろ」

「そうなんですか」

「そうだよ。それに、よくSOSを言えたね。それがすばらしいよ」

「そうですか」

「学校に復帰することを急ぐよりも、まず君が毎日イキイキと暮らしていることが大事だよ」

こうして1時間ほど話したら優は落ち着いてきた。「幻聴と仲良く付き合いなさい」と私は最後に言った。

今朝、優は顔色がよくなって落ち着いていた。優を気遣って、智津や恵子が何気ない会話をしている。明日、優は1年ぶりに高校に復帰する。「弁当を作ってください」と優は私の妹・康代に頼んでいた。

その後、土井ホームの暮らしの中で優は落ち着き、時々は休むこともあったが、順調に進級し、また断絶状態であった家族とも和解。やがて学生寮に引っ越して、自律的な学生生活を送るようになった。

よりそいポイント

穏やかに応答する

発達障害の子どもにストレスがかかると、様々な精神症状を示すことがあります。優の場合は幻聴だけでなく、作り笑いや独り言を言っている場面が観察されました。しかし、そんな自分をからかったり罰したりする人間のいない安心できる環境で、話したことに愛情を持って応じてくれる人間関係が保障されると、霧が晴れたように安定してきます。

大人の関わり方によって子どもは大きく成長したり、症状が回復したりします。大事なのは穏やかに対応することです。生涯にわたっての支援が必要となるので、専門の医師や心理士、学校関係者など周囲に支援を頼んでおきましょう。要はひとりで丸抱えしないことです。

事例2　スモールステップを用意する

妻のえり子が子どもたち7人を理髪店に連れて行き、「登校時に校則違反とならない髪型にしてください」と理容師に頼んだ。ところが、均《ひとし》（中学2年生）が頑固に主張して襟足を切らせなかったと言う。結局、店内で決着せず長髪のまま帰宅となった。

夏休み明けの登校の際には再度理髪店に行く必要がある。「その費用は小遣いからネ」と妻が言った。均の「学校は校則が多すぎる」という抗議はこれが原因であり、「小遣いを減らしてまで登校しないぞ」というのが、均の昨夜の騒動の原因だと推測した。

子どもといえども、その自己表明権、自己決定権は重要である。「行きたくないものを無理に学校に行かせるのか」という均の抗議に「行かなくていいよ」と私は軽い調子で答えた。この返答に均は驚いた。均はわが家に来る前からずっと不登校であったが、不登校について、本人はもとより家族や周囲も「～ねばならない」という強迫観念に金縛りにあっているように見受けられた。そうした観念からいったん離れてみるといい。じつは、均本人も学校に行きたい。行きたい自分がいるが、もう一方に行けない自分がいて、そのはざまで苦しんでいるのである。

続けて私はこう言った。

「学校に行かなくてもいいよ。ただ他の子どもは6時間勉強しているのだから、均は在宅の間、私と一緒に掃除や草取りなどをしよう」

実践を促すと、学校のほうがラクだと思ったのか、均は前言を撤回して登校しはじめた。実はこの方法で、長期不登校や引きこもり、家庭内暴力の少年たちを継続的な登校につなげてきた。

「掃除」や「草取り」も単なる思いつきではない。そうして身体を動かすことがとても重要で、草取りをしながら土に触れ、太陽を浴び、風に触れているうちに、自然と子どもの心に回復力が働き始める。だから実践するのである。

均のように持続力がない子どもは3分やって2分休憩、5分やって3分休憩という具合に時間を区切って実践するといい。今は、30分ほど続くようになったが、その折にアイスクリームという楽しみを設ける。どこまでもスモールステップでスペシャルデーなのである。

「能《よ》く働き、能く食べ、能く眠る」とはよく言ったもので、能く働けば、食事や睡眠の質も上がってくる。虐待や不適切な養育を受けた子どもたちは、睡眠や食事の質に打撃を受けるから、この「三能主義」は生活習慣を改善する上でも理にかなっている。

おおむね、わが家に来る少年は顔が隠れるような長髪と、ごっついヨットパーカーなどでやってくる。均もこの盛夏に長袖のTシャツに長袖のヨットパーカーの重ね着だった。きっと対人不安の表れなのだろう。人と接することに安心感を覚えてくると、服装も黒一色からカラフルになり、髪型も短髪になってくる。
私には見えている。心配ない。

よりそいポイント　明るく楽しい雰囲気をつくろう

学校に通わず自宅にいたいと主張する子どもには、一人ひとりの特性に沿った「個別プログラム」を策定し、イキイキと毎日が送れるよう試みましょう。比較的簡単に達成できるような小さな目標を立てて、クリアした達成感を持たせることが重要ですから、実践にあたってはむやみな叱咤《しった》激励《げきれい》をやめることです。発達課題をかかえた子どもは年齢から5歳割り引くこと。達成目標は7割できればOKです。

親や家族、支援者はこうした子どものチャレンジを根気よく励まして伴走を続け、信頼し合える人間関係を築きましょう。これは、均と私たちに課せられた課題でもあります。苦々しい表情で伴走していては、ランナーも息が詰まるし、いい関係は築けません。美味しい料理と楽しい会話。これが何より大事です。

事例3　登校へなだらかな階段を用意する

今朝、ホームの旅行で中断していた日課のドリルを提出するように、裕子《ひろこ》（中学2年）に促した。これまでだったら、抗議するか、ブツブツ独り言を言うか、あるいは、ふて腐れる場面だが、今日は朝食前に5分間で仕上げて出してきた。

小学校4年の漢字なので、5分内で十分できる内容なのだ。ただ、「9歳、10歳の壁」を越えられるかどうか、能力の測定という意味からも、わが家の子どもたちは中学生であっても小学校3、4年の課題からスタートさせることが多い。

裕子も当初は、学習障害を疑わせるような字の書き方であった。ところが、時間が経過するにつれて、解答をとても丁寧に書くようになった。「きれいな字を書くじゃないか」とほめると、裕子は小鼻を膨らまして自慢げにドリルを受け取った。裕子の指導で一時は血圧が150を超えた私の妹も、取り組みの姿勢を考え直したのだろう。「要求を下げて、ほめていくことね」。そう言って、孫悟空を操る仏様の手をして見せた。

裕子はわが家にやってきたばかりの頃、掃除などの日課をさせても3分しか持たなかった。3分しては2分休み、5分しては3分休む有様《ありさま》だった。裕子に合わせて、すべての日課の時間を短くし、1つの課題が終わるたびにアイスクリームを出すなどスペシャルデーを続けた。

また、偏食を疑わせるような裕子だったが、妻や妹が根気強く観察を続け、意見交換を重ねて、彼女が食べやすいように料理を工夫して出すようにした。すると裕子は何でも旺盛に食べるようになった。何より、裕子の偏った認知を周囲の子どもたちがたしなめ、修正を図ってくれたことも大きな力になった。

さて、教育委員会の就学相談も終えた裕子は、いよいよ登校のステージに入ることになる。ただし、ここから先もスモールステップで、先を急がないことが重要。大人の「ものさし」ではなく、あくまでも子どもの立場にたった「ものさし」でチャレンジを進めることが肝心だ。何より大事なのは、学習レベルではなく、1つひとつの日課をやり遂げることによって自尊感情を高め、関係性を深めることなのだ。

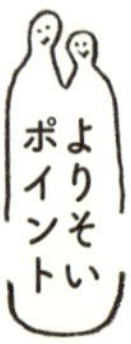

近くて低くて小さな目標を立てる

不登校や引きこもりの子どもにとって、たとえば「登校」という目標は、とても遠く、高く、険しい山頂のようなもの。とても達成できる気がしないため、最初から挑戦をしないのです。

大きな目標は大人目線の目標。子どものやる気を引き出すには、近く・低く・小さな目標を設定することが大切です。たとえば、部屋から出ない子どもには部屋まで食事を届けるのをやめて、「リビングで食べる」という目標を立てる。少し動くだけでいいのです。このように「部屋から出てくる」、「近くのコンビニに食料品や飲料水を買いに出かける」といった小さな目標を少しずつ達成させ、挑戦が終わった後には「ありがとう」「助かったよ」という魔法の言葉のシャワーをかけてあげる。「登校」という大きな結果にたどり着くには、このような小さな変化の積み重ねが大切なのです。

事例4　二者関係を丁寧に育んでいく

「きれいに書けたでしょッ」

宿題を見せながら和代《かずよ》（中学1年生）が言った。「ほーお、上手に書けたじゃないか」と私が言うと、誇らしげな顔をした。

和代はこれまで「学習障害」を疑わせる文字の書き方をしていた。幼少期から発達の偏りが見られ、親との関係性が良くなかったため自己評価も著しく低かった。彼女のような子どもには、小さな目標を達成させ、それをほめてやるというやりとりを通じて、じっくりと「育て直し」を行う。

まずは「和代と私」といったように2人でやりとりをする「二者関係」の段階を丁寧にやっておく。すると、ホーム内の子どもたちとの「相互性」のリンクの中にも自然と入り込みやすくなる。つまり、「二者関係」が安定すると、学校や社会という多くの人が集う場での「多者関係」が育ちやすくなるのだ。実際に、和代には「登校」も視野に入れられるだけの準備が整ってきたという手応えがある。

土井ホームの強みは、私や妻、妹、そして同居する子どもたちなど、「縦線」だけでなく「横線」「斜め線」があり、そうした多くの人との「暮らし」の中で、「治療」や「療育」「教育」ができることである。こうした「暮らし」の場と、「カウンセリングルーム」や「診察室」、「教室」などそれぞれの場における専門家たちが連携し、一貫した支援体制が整った時に、より「効果」を上げることができるのだ。

よりそいポイント

一度に多くの情報を与えない

自閉症など発達障害を抱える子どもを特に情報処理の観点から整理してみると、以下のような特性が見られます。

① 情報を整理できずに過剰に取り込んで混乱を起こす。
② 並列処理ができない。１つずつしかできない。
③ 聴覚よりも一般に視覚に強みを持つ。
④ 例題はできても応用題ができないなど、般化に困難があって応用が利かない。
⑤ 目に見えることは理解可能だが、目に見えないことは理解困難。
⑥ 過去と現在の区別に困難を抱え、迷子になりがち。
⑦ おじさんやいとこといった関係性理解が困難。制服を着ていない私服の刑事を警察官と理解できない。
⑧ 場の空気を読めず、自分の関心を一方的に話す。
⑨ 聴覚、触覚、視覚、温度や湿度への感覚過敏・鈍麻がある。
⑩ 目と手などを一緒に使う協応運動が苦手である。

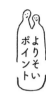

つまり、身の回りに情報が多すぎると、こうした子どもたちは混乱します。多くの人が同時にしゃべったり、行動を起こしたりする場所にうまく適応できないのもそのためです。運動会などの歓声が沸く場面はもっとも苦手です。したがって、家庭の中はもちろん、学校でもマンツーマンまたは少人数での教育体制を整えてもらうなど、適切な環境と対応への協力を仰ぐ必要があります。

事例5 「行きたくない」も、認める

唯衣《ゆい》（中学2年生）がこの2週間不登校状態である。妻に泣いて訴えたのでその理由を訊《たず》ねると、学級委員に果敢に立候補したのだが、落選。さらに運動会の実行委員に立候補して取り組んだのだが唯一の友人と不仲になり、それ以来不調を訴えるようになったという。

発熱もあって学校を休ませたが、2週間経って熱が下がったのに登校しない。燃え尽き症候群だと思った。彼女はわが家に来るまで長期の不登校児であった。社会性が乏《とぼ》しく、こだわりが強い。そしてあふれる正義感から、相手が教師であれ先輩であれ、自己主張をするところがあった。

周囲に「部屋に食事を運ばないように」と言いおいた。食事を運んで、籠城《ろうじょう》の条件を整えてはいけないからだ。

不登校の子どもは実は、本人は「行きたくても行けない」葛藤の中で煩悶《はんもん》している。夕食が済んだころ、唯衣から「話を聞いてください」と内線電話があった。彼女は私に「行けない理由」を縷々《るる》と述べた。

「そうなんだ。行きたくなるまで学校に行かないでいいよ。その代わり、朝は普通通りに起床し、学校の日課通り勉強をし、在宅のお兄ちゃんと一緒に掃除をしなさい」

意外に思った唯衣は、さらに行けない理由を述べようとした。

「だから、行きたくなるまで在宅でいいよ。行くか、行かないか、君が決めること。どちらでも私は応援するからね」

唯衣は拍子抜けしたようだった。そして、少し安心した声で電話をきった。翌日は彼女が希望する精神科クリニックでの受診に同行した。いろんな大人に話を聞いてもらい、アドバイスを受けることで、多角的な見方を取り込み、柔軟な考え方が生まれてくるのを期待したのだ。

このクリニックでは、臨床心理士や保健師が長時間聴き取って、それから医師の診察を行う。医師は「人とは適切な距離を取ること」さらに「人の世話をする

「ことを自己目的化して意識し過ぎないように」と唯衣にアドバイスした。的確な内容だと思った。

医師が私に意見を求めたので「心身の疲れが蓄積していると考えたので、2週間寝かせました。次に、学校は行かなくてもいいから朝だけは起きて、家で掃除などをして、体を動かすことを推奨しています」と説明した。医師は私の話に同意した後に、その意味を唯衣に解りやすく説明していた。「お薬を出すこともないでしょう」。診察は終了した。

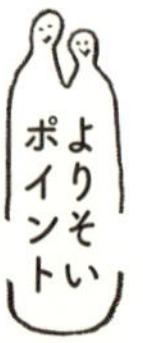

登校でも不登校でも応援する

「学校に行きたくても行けない」。不登校の子どもはそんな葛藤の中にあります。どうしても行きたくない子どもをその理由も聞かず、無理やり学校へ行かせても、私の経験上良い結果は生まれません。理由に耳を傾けることも大切ですが、もし理由を話してくれない場合も責めないことです。「学校に行くか行かないか、自分で決めなさい。どちらでも私たちはあなたを応援するよ」。この一言で子どもは安心し、周囲に心を開きやすくなります。

事例6 子どもの内面の成熟を待つ

先ほどの唯衣の話には続きがある。

医師には話さなかったが、実は学校に通わなくなった唯衣は朝起きずに、毎日夕方に起きるようになっていた。そのため私は彼女のゲーム機を預かっていたのだ。当然、唯衣は反発したが、行動に変化が出たらご褒美として渡すために取り上げたのである。

クリニックから帰宅後、元気になった唯衣は「ゲーム機はダメなんでしょうね」と上目づかいで聞いてきた。「今朝起床したら渡そうと考えていたが、起きなかったからね。明日、起きたら渡そう」と私は答えた。

しかし唯衣の生活サイクルはなかなか好転しなかった。夕方4時ごろに起床する、完全に昼夜逆転の毎日が続いた。

しかし大事なのは、子どもの内面にある環境に適応する能力「レジリエンシー（回復力）」を信じることだ。私たちは唯衣が昼夜逆転の生活をしても毎朝同じ時間に声をかけ、窓のカーテンを開け、部屋に風を通した。不登校になってもいつもと同じ態度で応答し続けることが大切なのだ。

不登校から4カ月経った頃から、唯衣は朝起きてくるようになった。自ら掃除機をかけるようになり、食事も一緒に食べるようになった。担任の教師から電話があり現状を伝えると、教師の声も明るくなった。

そして、再び学校へ通うようになった今も、唯衣は毎朝つぶやく。

「学校、行かなきゃいけませんか」

「そうだな。つらいのうー」と私はあえて軽く応じておく。

「熱がありませんか」と唯衣は妻に額を差し出す。

「うーん。そうね。ないみたいよ」。妻もさりげなく背中を押す。

5年間の不登校を克服したとはいえ、やはりしんどい場面があるのだろう。毎朝の儀式をして、今日も彼女は学校に出かけた。

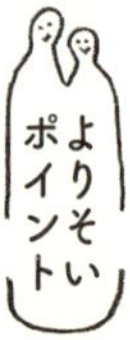

子どもの幼い頃の写真を眺める

ひとの脳は嬉しい、楽しいといったポジティブな刺激を受けると「オキシトシン」というホルモンを分泌します。母親の多くは自身の子どもが遊んでいる様子を見ている時にこの「オキシトシン」の濃度が上昇するという研究結果が報告されており、「子育てやる気ホルモン」とも呼ばれています。

引きこもりや不登校の子どもに悩む親や家族、周囲の教師には、時間をかけて内面の成熟を待つ「時熟」の態度が求められます。しかし、ゴールの日が読めない「待つ行為」は、しんどいもの。そこで、待つことが苦しくなった時は、幼い頃の子どもの写真やビデオを眺めて、その笑顔や成長を振り返り、脳内を「オキシトシン」で満たしましょう。子どもは３歳までに一生分の親孝行をしてくれているると言いますが、まさにその通り。いくつになってもその効果は続き、親を支えてくれるのです。

不登校・引きこもり　まとめ

1　叱咤激励型の声かけをやめる。がんばれと言わない。

2　「たたく、怒鳴る」は逆効果。まず、親自身が自分をコントロール。

3　社会の支援を仰ぎ、当事者家族の会に積極的に参加する。

4　本人の好きなことや関心のある話題を取り上げ、前向きな会話を心掛ける。

5　家庭の雰囲気を明るく穏やかに。ポジティブなコミュニケーションを心がける。

第5章

依存

子どもたちのゲームやスマホ、インターネット依存が急速に広がっています。2018年の厚生労働省研究班の調査によるとインターネット依存が疑われる中高生は、ここ5年間で約40万人増加し、約93万人に上ると推計されています。

また、不登校や引きこもりの若者に家庭訪問をして社会的な自立支援をする「佐賀県子ども・若者総合相談センター」では依存（スマホ、インターネット、ゲーム、異性）の問題が、寄せられる相談内容の約3割を占め、家庭内暴力や非行・少年犯罪を上回るほどに増えているとしています。

確かに、近年はスマホやインターネットの普及とともに、ゲームやSNS、ネット動画の閲覧、ネットショッピングなど、依存の対象物が子どもたちの身近に拡散。視覚や聴覚を刺激する画像や、購買欲や征服欲をあおる仕掛けはいかにも楽しく華やかで、こだわりが強かったり、自分を律する力が弱かったりする子どもは簡単にのめり込みます。

そして「自分の行動が生活にどんな支障をきたすのか」が理解できず、自己統制ができないままだと、ゲームや買い物のために大金をつぎ込んだり、夜通しネットサーフィンに明け暮れて生活サイクルが乱れたりと、親や家族にとって頭の痛い問題が発生します。

こうした依存の問題を捨て置けないのは、頭ごなしに咎《とが》めることで親子間の信頼関係が崩れ、やがて「家庭内暴力」や「不登校」、「引きこもり」へと発展するケースがあるからです。

考えてみれば、依存の問題は今に始まったことではありません。薬物依存やギャンブル依存、アルコール依存に代表されるように、昔から依存は本人のみならず周囲の人々を巻き込み、安全な日常を脅かす深刻な社会問題でした。脱依存の取り組みや支援団体があるにもかかわらず根絶できないのは、依存の底流にある要因が「目の前の辛い現実から目を背けたい」という誰もが持っている人間心理に根差しているからでしょう。

「我慢しなさい」と命令するのは簡単ですが、１人ではなかなか脱却が難しいのも、依存の特徴です。**こうした孤立が依存の本質ならば、本人の心にチャンネルを合わせ、一緒に回復への道を歩んでくれる人の存在と協力が欠かせません。**

子どもとともに脱依存に向けて歩む前に、**まずは本人が達成できそうな「小さな約束」を交わしてください。**たとえば、ゲームに依存している子どもの場合はいきなりゲーム機を取り上げるのではなく「ゲームは午後6時から8時まで」と約束をし、それが達成できたら「よく守ったね」とほめてあげる。つまり「小さな約束を守る」→「守れたらほめる」「達成をともに喜ぶ」という図式です。こうした日々の繰り返しは、すべての依存からの脱却を図る上での基本です。まずは「今日1日」から始めましょう。

本章では土井ホームでの事例をもとに依存のメカニズムを考えながら、「脱依存」に向けた子どもの接し方を探ってみましょう。

事例1 好奇心のチャンネルを合わせる

知波《ちなみ》（高校2年生）が片時もスマホを手から離さず見ている。寝るときにも見ているようだ。睡眠不足から朝起きられない。また、イライラから対人トラブルを起こす場面が増えた。

「スマホに寝る時間を惜しんで睡眠不足になっているようだな。起きられないなら、午後9時の点呼でスマホを預かろうかな」

「いえ起きます」

「では様子を見よう」

しかし、そう簡単に切り替えられるものではない。またトラブルが起きた。

「では約束だから夜はスマホを預かろうね。ところで何を見ているんだい？」

知波がはまっている交流サイトを一緒に見た。確かに面白い。

「なるほど、面白いね」

「そうでしょう」

知波は得意げにその面白さや人気の投稿者がいかに興味深いかを話した。その話を聞いた上で、私はスマホの扱いについて話し、改めて土井ホーム内での使用上のルールを約束した。そして、このルールを破れば、寝る前にスマホを預かるなどの規制を取らざるを得ないことも話して聞かせた。

やがて、知波は朝も定時に起きるようになり、スマホを手放して日常生活を送られるようになった。もちろん、ルールを守るようになった今では、スマホの管理は本人に任せている。

よりそいポイント

一緒に楽しむ

なぜ子どもがスマホを手放せないのか？　その理由を探るには、まずは本人がスマホを通してはまっている、ゲームやウェブサイトの話題を共有してはいかがでしょう。ゲームなど親も一緒にやってみることです。野外を歩いてモンスターを捕獲するゲームが話題になりましたが、親子で楽しんでみるのもいいのではないでしょうか。本人の好きなことに心のチャンネルをあわせておくことは親子間の距離を縮める上でも大切です。

もしも実生活で様々なトラブルが発生するようであれば、そこで初めて規制をします。その規制も本人の同意をあらかじめ得ておくと、うまくいきます。本人自身も「止めないといけない」と自覚していながら止めることができない場合もあるからです。約束した内容は紙に記して目に付く場所に貼るなどして、明確にしておくとなおよいでしょう。

事例2 ルールを設ける

「スマホやパソコンができますか」

入所前の面接でこのように尋ねる子どもが多い。バイクで深夜暴走することよりも、こうした室内型のゲームやインターネットに関心がある子どもが多くなったのも時代の反映である。

かつては携帯電話の所持は高校生以上としていたが、現在は小学生がスマホをもってくることも少なくない。土井ホームでは所持の禁止ではなく、その使用方法を考え学ばせることで、自己統御力をつける方向に変えていった。

「大丈夫。無線LANだからどこにいてもネットはつながるし、パソコンも自由に使えるように用意しているよ」

　このように答えると清昭《きよあき》（中学1年生）は目を輝かせた。

　そこからおもむろに規則を話す。土井ホームで用意しているパソコンはリビングや廊下など周囲の目があるところに設置しており、使用は夜の点呼の時間まで。個人のスマホやパソコンは朝の定時に起きられないとその日は使用できないし、規則を破れば小遣いが減ることも話して聞かせた。

　次に誓約書を書いた。土井ホームでは子ども一人ひとりの特性に合わせた約束事を紙に書いて、そこにサインをすることが入所の際の決まり事なのである。その誓約書は、簡潔な文体と箇条書きで書き、すべての漢字にふりがなをふっている。「〇〇〇〇をしません」という否定形でなく、「〇〇〇〇をします」という肯定形で書いているのが特徴である。

　最後に本人がサインし、「本人の努力を見守ります」という文章の下に、関与している児童相談所の児童福祉司や心理司、弁護士、家裁調査官などがサインするのである。

　清昭は土井ホームに来た当初こそルールを守っていたが、起床時間を守れない場面がでてきたので、面接をした。まず入所の際の誓約書を読ませた。

清昭はバツの悪そうな顔をして、消え入るような声でこれを読んだ。

「約束通り、今日は使用禁止だな。預かろう」

私がそう言うと彼は一瞬、反発の表情をみせたが、思い直したのかスマホを差し出してきた。

「わかった。明日の朝、起床時間に起きてきたら返却する」

こうした場面を何度か繰り返し、清昭は問題なく過ごすようになった。

よりそいポイント

肯定型で約束をする

子どもが何か問題を起こすと、親は声を荒らげて叱りがちです。大事なのは、事前に約束をしておくこと。その際に、たとえば「夜9時まではスマホを使えます。朝は必ず7時に起きます」というように、肯定型で約束しましょう。

もし実行できなかったら、スマホを預かるなど子どもの行動を規制します。そして、「翌朝7時に起きられたら返そうね」と再度約束をします。大事なことは自己統御力を身につけさせることですから、ずっと取り上げるのではなく、翌朝には返すことです。こうした連続性の中で、少しずつ自己統御の力が身についていきます。また、約束を繰り返すことで、子どもは約束によって「自分が守られている」ことを認識し、そうした保護膜の中にいることを実感するようになるのです。

事例3　家族関係を変えてみる

「子どもがゲームにはまって困っています」

暑さ厳しい夏のある日、とある母親からのそういう訴えがあったので、大阪に講演に行った際にお目にかかった。

「約束を守らないのです。もっとゲームをさせてと言い募って、ののしりあいになります。疲れました」

そう言って、由念《よしむね》（小学5年生）の母親・はるえは、深いため息をついた。由念は不登校気味で、最近は課金をしてゲームに熱中。母親が制限をしようとすると、激しく反発するという。

「ゲーム時間は20分と言っているのですが、守りません」

20分か――あまりの時間の短さに、私は少し由念に同情した。そして母親のはるえ自身もこだわりが強いのかもしれないと考えた。「お父さんはどうされていますか」という私の問いに、「仕事が忙しくて……」と母親は答えた。「次回はお父さんとご一緒に来てください」と約束した。

夏の暑さが少し陰りを見せて、街並みにも秋の訪れを感じる頃、再度由念の母親のはるえと面接をした。約束の喫茶店には由念の父親・康夫《やすお》もやってきた。

最初に、前回の話の続きで、約束を守るということについてどこまでできたかを聞いてみた。はるえは、私が前回提案した、野外でモンスター探しをするゲームを一緒にしたと言った。「やってみると、案外面白いものですね」と笑いながら語った。このように親が子どもの関心や興味を共有することは、子どもとの心の回路を作るうえでとても重要だ。

具体的な話に入った。「お子さんとの対応はお母さんひとりでなさっていましたよね」と問いかけると、両親はうなずいた。私はこう提案した。

「お子さんの行動制限をすると、激しく反発して言い募り、ときには暴力をふるうようになったのですよね。まず、これを変えましょう。お母さんはお子さんの言い分を聞いて、一緒にお父さんに要望を伝えるようにしましょう」

そう言って、私は向かい合わせに広げていた手のひらの片方を動かして同方向にした。

「お子さんからの要望をお父さんに裁定してもらう上で、その要望をどうしたら通してもらえるか、お母さんとお子さんで作戦会議をするのです。一方で、ご両親はお子さんの要望を事前に共有しておき、どのように対処するか――ご夫婦の間でも作戦会議をしてください。要は、家庭内でルールを決めたら、その一貫性や継続性を維持することです」

家庭内暴力のケースもそうだが、依存の場合も問題が起きる家庭では父親の存在感が薄いことが少なくない。母親だけが対処しようとして暴力や暴言に発展していることを考えると、父親に参加してもらうだけで変化が起こる可能性は大きい。そして、子どもを部屋から連れ出して、風や太陽を感じる経験も持つことも大事であることを伝えた。

その後、この家族からは、小さな問題はあるものの親子関係はおおむねうまくいっているという電話があった。

よりそいポイント

ルールは親子で守る

国内で初めて「ネット依存外来」を開設した国立病院機構久里浜医療センター（神奈川県）では、スマホやパソコンの付き合い方のポイントを以下のように話しています。

・親の名義で購入し、子どもに貸す形をとること。
・買う前に使用ルールを作り、紙に書いて目につくところに貼り出すこと。
・ルール違反には「翌日は使用禁止」などのペナルティーを実践すること。1度の違反ですべてを取り上げるのは好ましくない。
・オンラインゲームで課金をせずに楽しむには時間が必要になるので注意する。
・親もルールを守り、模範となる使い方をすること。
・リビングなど、家族がいる部屋で使うこと。
・親に無断でオンライン決済をしないこと。
・スポーツなど五感を使うことで、現実の世界を大切にするよう導くこと。
特に注目してほしいのは、「家族で決めたルールは親も守る」という項目です。一方的にルールを押し付けると、子どもも反抗します。一緒に同じルールを守ることで親子の間に結束力が生まれ、目標を達成しやすくなります。

事例4 依存の背景に心を寄せる

「梶田幸子《かじたさちこ》さんはこちらにおられますか」

　ある日突然、土井ホームを訪ねてきた人がそう言いながら、名刺を差し出した。名刺には某県の「警察本部捜査2課」とあった。ただならぬ出来事だと応接間に通し、対応した。

「どのようなご用件でしょうか」

「重大な事件の関係者なので、これから事情聴取を行いたいと思います。ただし、捜査が漏れることがあってはなりませんので、土井さんにだけ事情を説明しますが、くれぐれも外部には秘匿《ひとく》してください」

　厳しい表情の警察官に気持ちを引き締めながら説明を聞いた。すると、近隣の市役所を巻き込んだ事件の内偵捜査だというのである。

　趣旨を理解し、当の幸子（32歳）を呼んだ。幸子は緊張した表情でぎこちなく入ってきて座った。捜査員の説明を聞く幸子の横顔をみながら、入院先の病院で帰る場所がないというので、元在籍少年の紹介でやってきた2週間前の出会いを思い出していた。

　ホームにやってくる子どもは、児相や家裁などが措置してやってくる子どもが多数であるが、その一方で幸子のように社会で行き場を失ってやってくる成人も少なくない。

「明日から事情聴取です。毎朝9時に迎えに来ます」。ダークスーツの長身の捜査員が帰った後に、幸子に事情を聞いた。

幸子は四国地方のとある県庁所在地に生まれ育った。小学5年生の時に学校から帰宅し、玄関を開けると父親の自死の姿が目に飛び込んできた。ショックを受け、引きこもりがちになり、やがて精神病を発症。気がついたら母親は姿を消していた。

つてを求めて九州の叔母のもとに身を寄せたが、その叔母やいとこが地域で有名な薬物の売人の一族であり、薬物売買に市役所の複数の現職職員が関与し、公金を不正に使用していたというのである。

いとこから殴られたり蹴られたりして、幸子は病院に逃げ込み、私と出会ったのだが、自身も薬物を何度か使用していたので「土井ホームに行くのは離脱の良い機会だと思っていた」と長い物語の最後に語った。

これまで複数の依存の人たちを迎え暮らしを共にしてきたが、一様に不幸な生育歴と、虐待的な親子関係の下に生きてきたという共通項があった。幸子もまたその1人だ。

「決して心配することない。ホンボシである主要容疑者の逮捕に向けて、事実関係の解明のために事情聴取をするのだから、心配せずに毎日行きなさい」

こう話すと、幸子の顔が明るくなった。話し合いの後、庭先で幸子は空を見上げながら、たばこをせわしげに吹かしていた。その心にどんな思いが去来していたのだろうか。

翌日から黒塗りの捜査車両が時間通りに迎えに来た。妻が作った弁当と私が渡すたばこ代を手に幸子は7カ月間の事情聴取に応じた。

この間、市役所職員や所轄の刑事が幸子との面会を求めて来たが、「外部の人と絶対に接触させないでください」という県警の方針に沿ってすべて断った。

やがて事情聴取が終わり、土井ホームにふたたび静かな日常が戻ってきた。幸子にはかつて経験したことのない暮らしであっただろう。やがて、忘れていたころに事件を大きく報じる記事が紙面いっぱいに掲載された。幸子はその記事を食い入るように見ていた。事件の終結とともに、幸子は市内の別のホームに移っていった。

よりそいポイント

「今日1日」を支えることに力を注ぐ

非行や逸脱、依存のひとに、その歩んできた物語を聞くと、非常に困難な人生であったことが理解されます。虐待的な養育環境や不適切な親子関係がある一方で、本人自身が育てにくい資質を有しており、新奇性を好む傾向、多動やこだわりの強い性質が背景にあることも少なくありません。

けれども、そうした「危険因子」に注目するより、本人を取り巻く社会的資源を増すように取り組むことが求められます。「今日1日、使用しない」。そうした誓いを共有してくれる人と歩む道が離脱・更生への一番の近道であると思われます。

依存　まとめ

1　ゲームやスマホを楽しむ時間や場所を決めて、約束する。

2　家族が集まるリビングなどで行うようにする。

3　遊び終わる時間を決め、終わった後は親がゲーム機などを預かるようにする。

4　家族で決めたルールは見やすいところに貼り出しておく。

5　薬物などは毎日面接をして状態を確認し、当事者団体の会合に参加するように勧める。

第6章

土井ホーム
日々の生活での関わり方

トラウマをかかえた青少年の支援はまことに容易なことではありません。教育や児童福祉などの分野で携わるひとが疲弊して、メンタルの問題を抱え、退職するケースも決して珍しくはないのです。社会的な資源を一段と投入することがこの業界には求められています。

その一方で、家庭内にちょっとした工夫や新たな視点をもつことで解決できる問題も少なくありません。子どもとの接し方、子ども自身が行動を見直すようになる促し方について、土井ホームが「生活」の中で実践している5つのルールを軸に考えてみましょう。

子ども臨床の支援者や困難を抱える子どもを育てる保護者にお役に立つことを願っています。

ルール1　初回の約束

事例1　ヘルプのスイッチの押し方を教える

今日はフェイスブックを通じて依頼された少年がやってくる。行き場のない龍《たつ》芳《よし》（中学2年生）である。

龍芳は地元だけでなく九州各地の児童福祉施設で入所を拒絶され、わが家に打診があった。地元には、こうした龍芳のような行き場のない子どもたちを受け入れるファミリーホームや里親が土井ホームの他にも2軒あるので「そこはどうですか」と聞くと、すでに定員一杯だと言う。妻もそれを聞いて、「仕方がありませんね」と試験外泊を受け入れた。

補導や触法歴が30件以上もあり、しかも長期慢性的に続いているという記録を見ると、入所拒否という各児童福祉施設の態度は非難されるべきことでなく、実は正しいのである。社会的な支援が先進諸外国に比べて格段に乏しいわが国で、同居の子どもへの影響や職員への負担などを考えると、「受け入れが難しい」という方針は当然のことである。

龍芳ほどブレーキのかからない子はわが家の指導でも更生は難しいだろうと思う。ただでさえ他の子の何倍も手のかかる子どもたちを預かっているのだから、冷静に考えれば断るべきだ。

しかし、引き取り先がなく、長期一時保護所で生活をしている龍芳のことを考えると、「断ってくださいね」と言っていた妻も不憫《ふびん》に思ったのか、チャンスを与えようという話になった。

初回の面接は、龍芳に自己紹介を促すところから始めた。その口調や態度、話す内容で、その子どもの資質や特性が測れるからだ。その次に、龍芳の好きなことや好きな食べ物を聞いていく。ひとは自分の好きなこと、好きな食べ物を口にしている時にもっとも自分らしくふるまえるし、話すことによって気持ちも穏やかになり、自ずと前向きになるからである。

「そうなんだ。ゲームが好きなんだ」

「それはどんなゲームなの？」

私たちはこうして龍芳に心のチャンネルを合わせ、気持ちの波長を合わせていく。次にヘルプの出し方を教える。

「あのね、ここに住んでいる大人は子どもが好きな大人なんだ。もし君が困ったら、暴れたり大声を出したりするのでなく、言葉で伝えてほしいんだ」

そう言うと、龍芳は神妙な顔で頷いた。

「分からないことがあったら必ず言葉で聞いてね。そうすると周囲の大人が必ず助けてくれるからね」

次に限界設定について話した。

「もし、きみが暴れたら、ここでは警察官を呼ぶことにしているんだ。以前暴れた子が『呼ぶなら呼んでみろ』と叫んだんだけど、本当に警察官がきたものだから驚いていた。龍芳、きみを加害者にしてはいけないし、また周囲の大人や子どもの安全を守る必要があるからね。みんな、安心して暮らすことが最優先だということを知っていてほしい」

「きみがもし、他人が安心して暮らす権利を侵し続け、注意しても守れないなら、ここにいることはできない。そのことも憶《おぼ》えていてね」

私はこのように淡々とした口調で龍芳を「穏やかに恫喝《どうかつ》」した。そして、最後にこう言った。

「楽しく暮らそう。龍芳、きみの未来を応援するよ」

3日間の試験外泊を終え、龍芳は正式にわが家にやってきた。

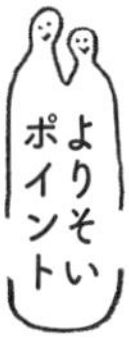

子どもから子どもへの評価も参考にする

暴力で訴える子どもは、ことばで「ヘルプ」を伝えるという術を知らずに育っています。できるだけ早いうちに「困ったときにヘルプを訴えるスイッチの押し方」を教えておくことはとても重要。これを自覚させておくかどうかによって、その後の処遇は大いに変わってきます。

わが家では試験外泊の後に、子どもたち自身がお泊りに来た子どもの査定をして、受け入れの「いい、わるい」を言ってきます。子どもから子どもへの評価は、実に適切なのです。そうした子どもの意見を処遇に反映するところも、わが家の特徴です。まずは、試験外泊の少年が子どもたちの観察という試験に合格するか。ここが最初の試練なのです。

ルール2　いいところさがし

事例1　本人が気づかない長所をさがす

「見てください」

来春、高校を受験する愛子《あいこ》（中学3年生）が、月に一度の面接時に自己評価表を書いて持ってきた。「自己評価が低いなー」と私は改めて思った。生まれてこのかた、ずっと叱責されてきたためだろう。

過去に愛子は、女子寮で同居する聡子《さとこ》（中学2年生）とけんかになって階段から突き落としたことがあった。また、玄関のたたきまで追いかけ、抵抗できなくなった啓子《けいこ》（中学2年生）を繰り返し踏みつけたこともあった。現在、こうした事故や事件になりかねない暴力は治まったが、周囲の肺腑《はいふ》をえぐるような暴言は減ってきたとはいえ、まだまだ続いている。

愛子の主治医と面談した際に「2代続けてのセイギャク（性虐待）のサバイバーだからね」と語った。そういえば、かつて愛子の姉・貴子《たかこ》が中学生だった頃、愛子の母親・恵子と姉は学校側の指導方針に反発し、担任と生徒指導の教師2人を退職に追い込んだと聞いたことがあった。そうした母親が恋人と旅行に出かけている間、愛子は食べる物がなく、食器棚にあった焼き海苔をかじって空腹を満たしていたと話していた。

そんな母親の恵子に憎しみをぶつけるかと思えば、一転して母親のいる家に帰りたいと訴える愛子の姿に、私は言葉を失った。虐待的な親子の場合、愛情と憎しみの相反する感情が同時に存在し、愛子はその感情に引き裂かれているのだった。

「自分の長所は」という設問に、愛子は「ない」と答えた。私は彼女の目をのぞくようにして「夕食のお手伝いができるだろう」「授業を静かに根気よく聞いているだろう」と指摘した。

とにかく、愛子の「いいところさがし」を続けていく。「愛情のシャワー」を浴びせ続けることだ。少しの変化でも周囲が評価することで、やがて愛子自身が自分の良さに気が付く日がきっと来る。その日まで根気よく続けていくことだ。

よりそいポイント

ことばは「小池の小石」だと信じる

諸外国の子どもと比較して、日本の子どもの自己評価は際立って低いことをご存知ですか。日本を含めた7カ国の満13〜29歳の若者を対象とした意識調査（「我が国と諸外国の若者の意識に関する調査」平成25年度）によると、自己肯定感の項目で「自分に満足している」と答えたアメリカの若者が86％に対して、日本は45・8％と際立って低い結果が出たのです。

何かにチャレンジしようという意欲は、自己評価の高まりの中で出てきます。だからこそ、土井ホームに新しい子どもがやってくるたびに、私たちは彼らの自尊感情を高める取り組みを行います。「いいところさがし」はその第一歩。親子の関係性や暮らしの変化を生むキーワードでもあります。

愛子のように激しい虐待を受けた子どもへのトラウマ治療は、支援者に途方もない時間とエネルギーを求めます。前進したかと思えば、後退している。ちょうど池に小石を投げても波間に消えていくようなものです。けれども、見えない池の底には小石は必ず堆積していると信じて、今日も明日も投げ続けていく。支援者や支援の場が交代することもありますが、交代しても投げ続けていれば、やがて池の底に堆積していた石の山はその姿を水面にのぞかせるでしょう。とにかく本人の「いいところ」を言葉にして、投げ続けることが大事なのです。

ルール3　言葉のシャワー

事例1　魔法の言葉をたくさん伝える

「部屋の掃除が終わった子から好きに遊んでいいよ」

こう声をかけると、子どもたちは急いでベッド周りや衣類を整理する。魔法の言葉だ。

「よくできたね」「助かったよ」「上手だね」。これらもすべて、魔法の言葉だ。

こうした言葉をかけ続けていたある日、実千子《みちこ》（中学3年生）は「心がポカポカする」とつぶやいた。

実千子は長い間自宅に監禁された状態だった。来る日も来る日も冷たい弁当を与えられて生きてきたのだ。長らく親や家族から愛情ある言葉のシャワーをかけてもらえなかったから語彙が非常に乏しく、周囲の大人が言うことが分からない風であった。分からないことが一定程度溜まると、怒りの貯蔵庫に火がついて手を付けられなくなる。いったん措置された児童養護施設は措置解除され、その後長期にわたって児童相談所の一時保護所で過ごした。

そんな実千子が土井ホームで初めて食卓を囲んだ日、彼女はこう言った。

「ごはんって、温かいものなんですね」

実千子の指導に、土井ホームでは後に話す「がんばり表（トークンエコノミー）」などさまざまなスキルを使ったが、欠かせないのが「魔法の言葉のシャワー」だった。ほめたり、称賛したりといった言葉のシャワーを浴びせていくことで、実千子の自尊感情や、自分が世の中で必要であると認識する自己有用感は徐々に高まり、周囲との関係も改まっていった。そして、あれだけ抑えられなかった衝動を抑えられるようになった。

実千子は、高校受験の面接で「私がしてもらったように、ホームの補助員になって、子どもたちに温かい食べ物を作って食べさせてあげたい」と将来の夢を語った。そして入学式では新入生代表となって、高校生活の夢を堂々と語ったのであった。

よりそいポイント

感情にラベルを貼ってあげる

子どもに関わる私たち大人は、いくつかの魔法の言葉をストックしておく必要があります。「ありがとう」はその頂点にあることばで、凍土のように固く冷え切った子どもの心を温め溶かします。同様に、「助かったよ」「上手にできたね」なども、子どもの心に染み入る魔法の言葉です。

また、子どもとの会話の中で、彼らが経験した感情に「悲しいね」「辛いんだ」「嬉しいね」と、ラベリングをしてやることも大切。こうすることで子どもは自分の感情に名前を付け、心の小箱にしまって、やがて混乱していた心の中を整理できるようになります。

ルール4　自己評価の見える化

事例1　目標は、低くてもいい

今日は子どもたちの小遣い日。ソワソワ、ドキドキである。そして同時に、終業式。明日からは夏休みだ。通常の小遣いに、期末考査の試験結果を反映した「努力賞」がプラスされるのだから、子どもたちも待ちかねていたようである。

ちなみにこの「努力賞」は、子どもによる完全自己申告制で与えられるものだ。

「900点満点の500点を目指します」

「100点を2教科取ります」

そんな「おいおい……」とつっこみたくなるような申告が出る中、清世《きよ》（中学2年生）はこう申告した。

「900点満点で70点を超えます」

あまりにも低い清世の目標発表に、子どもの中から「目標と言えないじゃん」という声が聞こえてきた。しかし、それでもいいのである。70点を超えた努力賞として、小遣いが加算された。本人が頑張った結果を評価し、次につなげていくためにやるのであるから、これでいいのだ。

こうした取り組みを通じて、かなりの好成績を取る子が出てきた。中には、知的学級で試験そのものがない子もいるが、わが家にきた当初は小学校2年程度の水準であったのにすっかり立派な作文を書けるようになったので、その子の小遣いにも「努力賞」を加えた。

よりそいポイント

ありのままの本人を認めてあげる

自己評価が高まり、自己肯定感が定着すると、長所も短所もひっくるめてありのままの自分を受け入れられるようになります。

そうなると、自然と自分を大切にする行動ができるようになります。相手が境界線を越えてきても、やんわりと拒否できるし、誰かのサポートを借りながら困難な状況を打破できるようになります。自己肯定感が高いと相手のそのままを受け入れることができ、相手を尊重しながら自己主張を対等に行う「アサーティブ」な態度が自然にできるのです。従って、相手を信頼、尊重するようになり、相手の領域に入ることも少なくなります。

このように、ひとは自己肯定感を高めることで他人との境界線が引きやすくなり、同時に境界線を引くことで自己肯定感が少しずつ高まっていくとも言えます。境界線を引いて自分を守ることは自分を大切に扱う行為なのです。

事例2 がんばり表をつける

「いいのですか。こんなにもらって」

5月にきた実久里《みくり》（中学3年生）がそう言った。今日は子どもの小遣い日である。実久里は7月に来た陽希《はるき》（中学2年生）がキレかかるのを根気よくなだめすかしてきたので、ボーナスをつけたのだった。

当の陽希は、小遣いなどないと覚悟していたのであろうが、最低支給額があったので、大仰《おおぎょう》に敬礼をして「来月はがんばります」と胸を張って言った。私は「頑張っているのは知っているぞ」と彼を励ました。暴言を吐く子は暴言の数だけ小遣いからお金を引くものの、頑張った点の評価も忘れない。陽希は殊勝にも涙ぐんだ。それぞれの小遣い日であった。

土井ホームの小遣いは、子どもの行動で金額が上がったり下がったりする「出来高制」だ。満額もらった上に、ボーナスが加算され、ニヤッとする実久里のような子どももいれば、違反行為が多すぎてマイナスになり、最低保証の1枚の紙幣が入っているだけの陽希のような子どももいる。

荒ぶる勇者が多いだけに、その評価に大声でクレームを言う者もあれば、机をたたく者もいる。大騒ぎした後に冷静になり、他の子どもについていけない「よく頑張りました」という加算金がついていることに気が付いて、「すいませんでした」と内線で電話してくる者もいる。

「そんなに大声を出し、ドアを破るような勢いで騒ぐなら、家裁に引き上げてもらいます」とおかんむりだった妻も、次々とかかってくる子どもたちからの謝罪の電話に、「はい、わかりました」と応じていた。真摯な謝罪をすると、和解ができるということを学ばせるのは、とても重要である。

このように、わが家ではお小遣い査定の基礎として「がんばり表（トークンエコノミー）」をつけている。これは、子どもたちの自治活動の一環でもある。土井ホームにやってきて早々はどんな行動も口頭指導だけで終わるが、1カ月も過ぎると、日課や決まりを守ると○がつけられ、違反または実行しないと×がつく。

陽希は昨日の朝、起床時間に起きてこなかった。毎日のドリルを提出しなかった。朝の段階で、まず×が2つついた。他の子は着々と○を重ねているのに、次回の小遣い日まで2週間、陽希は相当の差をつけられている。この表を見た陽希は「人のこころを金で操るのか」と、私たちの動揺を誘うような批判を投げてきた。

しかし、報酬を用いて行動を促す「トークンエコノミー」は人のこころを縛るためのものではない。様々な逸脱行動や精神症状を見せる子どもたちは、虐待的な環境で育ったため認知や感情、行動が断裂してしまっていることが多い。この断裂した認知や行動や感情を一貫性のある対応の中でつながりを持たせ、やがて1本の線とするために実践しているのだ。

私たち子どもの支援者や回復によりそう伴走者には、時に「石頭」と呼ばれるほどの一貫性と継続性が要求される。陽希との対峙はいまが峠。一歩も譲らず、しかし淡々と取り組みをこなす必要があるのである。原則を守るか、例外を適用するか——迷ったときには、苦しくとも原則を守ったほうがいいと私は考えている。

よりそいポイント

視覚化・目に見える形にする

子どもにとって小遣いは大きな関心ごと。土井ホームの小遣い査定は、虐待を受けた子どもにも発達障害のある子どもにも分かりやすい評価方法を選んでいます。

大事なのは、努力したことへの評価を目に見えるようにする工夫。そのために、冷蔵庫に約束事を書いた「がんばり表」を貼り出し、自治活動の一環として、担当の子どもが○・×・△をつけていきます。

その上で、あらかじめ決められたお小遣いを用意し、大きな成長を遂げた子どもにはさらにボーナスなどを出すようにしています。

また、大きな声を出す子には「いまの声が5なら3にしてね」とデジタル的な指示を出します。「肯定的な声かけ」「単純な声かけ」「具体的な声かけ」。これらもまた「がんばり表」同様に子どもにとって分かりやすいという観点から行っている取り組みです。

ルール5　オープンクエスチョン

事例1　開かれた質問を心がける

昨日、入院をしている洋介《ようすけ》（小学5年生）と月に1度の面接をするため、病院に足を運んだ。

他県の病院ではほぼ放置されていた洋介だが、この病院では6人の専門職のチームが児相担当職員の高木ケースワーカーも交えて会議を行い、処遇方針を決めている。

事前に担当の山田看護師と和泉相談員とで協議をした私は、彼らの報告を聞いて安堵した。日に1時間ずつではあるが、暴力をふるうことなく1カ月間、院内学級に通えているという。

その後、洋介の母親の養育力の評価と対応、子どもとの関係について議論した。これについても方向性は一致した。途中で白川ドクターも診察を中断して協議に加わった。

白川ドクターは前回の入院の際と比較して、大きく成長したと洋介を評価した。かつては火災報知機を始め、あらゆるボタンを押し、器物を破壊していたというエピソードを聞いて、皆が笑った。もう過去の思い出として話せるようになるまで回復したのだ。

一方で、外泊許可の日数が3泊4日と長いことが、私には気掛かりだった。母親の香津子の養育力の欠如を懸念したからだ。長く付き合っている児相の北村児童心理司は「母親の性格が分からない」と語った。私が「愛着障害と発達障害の重複ではないかと思う」と印象を述べたところ、白川ドクターも頷いた。

外泊にあたって、ある程度構造化（時間や空間があらかじめ整理されて分かりやすく、心地よくなっていること）された病院の生活を継続させること、終了時に母子ともに面接を行なうことを私は提案し、その結果を関係者が共有すべきだとも言い添えた。取り組みが人によってぶれないことが肝心。継続性と一貫性が、洋介のような子どもには何よりも求められる。山田看護師は、私たちが面接をしている間に、「がんばり表」や「毎日のお約束事」など母親に渡す文書を作成するので、完成まで待ってほしいと語った。

子どもも病棟に向かうと、入り口で洋介が待っていた。朝からずっと待っていたという。毎月、九州のお菓子を持参する。洋介は饅頭が好物だ。今月は、塩豆大福を持参した。洋介は、一口ずつ味わいながら口に運んだ。同席した児相職員の鈴木氏や病院相談員の田中氏も口にした。

「おいしいかい」

そう訊ねると、少年は頷いた。

「お約束した通り、暴力で訴えずに言葉で話すことはできたかい」

この質問にも少年は頷いた。

「学校にも通っているそうだね。先生はなんというひと？」

ここからは開かれた会話に切り替えた。洋介は幼少期から「言葉のシャワー」を浴びてこなかったと推測している。だから、できるだけいろいろな言葉をかけてやるのだ。

「今日は児相の鈴木先生にお願いして百人一首を持ってきてもらったから、一緒に『坊主めくり』をしよう」

そう提案すると、洋介は目を輝かせた。子どもらしい興奮を見せながら、得意げにゲームに興じた。洋介に札を取られると、私が大仰に悔しがるので、洋介は大いに笑った。今回は私の2勝1敗だった。洋介なりの配慮であろう。

「また、来月もきていいかい」

洋介の瞳をじーと覗いて訊くと、少年はうなずいた。

「じゃー約束だ」

手を握り、私たちは3回握手をした。

病院の前にある駅で別れた。自宅に久しぶりに帰る洋介は児相の車の奥で何度も手を振った。私も見えなくなるまで見送った。

外は早くも夜の帳《とばり》が降り始めていた。私は帰宅への足を速めた。新幹線の窓から見えるさまざまな光。一軒一軒の家では家族団欒《だんらん》の歓声が上がっているに違いない。洋介にそうした団欒と歓声の日々を与えることができるだろうか。いや、見えない未来には思いを向けるまい。ただ、今この瞬間に力を傾注しよう。そう自分に言い聞かせて、目を閉じた。

よりそいポイント

はい、いいえで終わる質問はしない

子どもたちに質問をする際、私たちは「なぜ？」を使いません。「どうやって？」「どんなふうに？」と聞くことにしています。理由そのものではなく、心の内面の動きや過程を言葉で説明させることが重要だからです。

こうした開かれた質問を「オープンクエスチョン」と呼び、対象者から幅広い答えを引き出すことができます。たとえば「自分の好きなところはどこですか？」「それについてもう少し教えてください」といった具合です。

逆に、「はい」「いいえ」で答えられる質問や、付加疑問はあまり有効ではありません。たとえば「また子どもを叩いてしまったのですね？」「またお酒を飲んでしまったのですね？」「また万引きしちゃったのね？」「またリスカしたのね？」といった質問です。

この他、問題を解決へと導くアプローチには、以下のような質問方法があります。

1．ミラクルクエスチョン

「奇跡が起こって明日すべてが良くなっていたら、どんな状況ですか？」と質問する技法。目標設定を明確にする役割があります。

2. スケーリングクエスチョン

今の状態を点数で評価してもらうための質問方法。「最高の状態を10点とすれば、今は何点ですか？」と聞く技法。今の状態を把握したり、前にも良い状態があったこと（例外）を発見したり、より具体的な課題設定のために使われると同時に、治療の進展具合の目安にもなります。

3. コーピングクエスチョン

「そのような〈大変な家庭環境〉〈ひどい虐待〉〈ひどいＤＶ〉のなかで、今までどうしてやってこられたのですか？」といったストレスを軽減する（コーピング）質問。困難に対してどう対処しているかを話してもらうことが目的です。

応用編：〈死にたい、死にたい〉という人には、たとえば「死にたいという気持ちがあるんですね。今までそれでも死なずに生き延びてきたのは、どんなふうにそれをやりすごしてきたからですか？」「あなたがそんな努力をしていることがわかったら、友人はなんていってくれるかな？」「どうやったらこれ以上悪くならずに、穏やかに過ごせるでしょうか？」と投げかけます。

子どもたち自身の変化を待つ。土井ホーム流、日々の楽しみ方

土井ホームには、ここまで述べてきた5つのルール以外にも、子どもたちと接する上で日々心がけている姿勢や取り組みがあります。それは特別なことではなく、食事や買い物といったごくごく普通の暮らしの中で行っていることです。日常生活の中にちょっとした工夫と、「ほめる」「楽しませる」「感謝する」といった愛情のシャワーがあれば、それだけで困難を抱えた子どもたちにも変化と成長が見られることを、この後の事例を通してお伝えしたいと思います。

事例1　物事の良い面を見よう

物事には二面性がある。光と影。求心力と遠心力。作用と反作用。子どもを見る際にも、長所と短所があるが、私たちはついつい短所に目が向く。だが、長所を見たら「ほめる」ことができる。愛情のシャワーを注ぐことができる。長所を

見出そうとするなら、時間軸を長くすることだ。おのずと成長が見え、長所が見えてくる。

窃盗累犯で少年院に入っていた実千子《みちこ》（中学2年生）が退院し、先ほどわが家への入所の際に必要な誓約書を受け取りにきた。弁護士や家裁調査官、母親とも共有している誓約書である。

預かっていた私はその事実をすっかり忘れていたのだが、実千子は「人生のやり直し」に向けた誓約書のことをしっかり憶えていた。私は「ベッドの横に貼っておきなさい」と言いながらその紙を渡した。自己コントロールの力とともに、自己モニターの力が弱い子どもたちには、こうした「約束」を目に見えるようにしておくことが肝心である。

実千子は窃盗という罪を犯したが、それはネグレクトの環境で育った彼女が生き延びる手段として選び取ってきた手段だ。また、愛情を求める行為だという理解もできる。魔法の言葉などで愛情のシャワーを十分にかけてやらなければならない。

昨夜はわが家の大人たちを集めて話し合いをした。土井ホームに入所、再入所した2人の子どもの長所と弱さを伝え、

「指示は落ち着いた声で簡略にして的確に出すこと」

「指示は否定形でなく肯定形で出すこと」

「問題を広げずに、目の前の問題のみに焦点を当てること」

……と、改めて指示を出した。様々な施設で不適応を起こした少年たちの背後に、大人側の不適切な対処があったと考えるからだ。


実千子の土井ホーム再入所の歓迎会を終えて書斎に上がると、付添人であった室内弁護士からメールが届いていた。今朝、朝食を終えたら、もう一人の緒方弁護士からも実千子の様子を尋ねるメッセージが届いていた。こうした継続的な支援に支えられ、実千子はその後更生の道をゆっくりと歩んでいった。

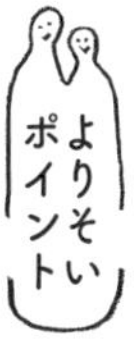

出会いに感謝する

実千子は逸脱行動や非行を通じて、こうした社会の確かな大人と出会い、その関わりを通じて、更生や回復の途を歩み始めました。人生はさまざまな出会いへの感謝によって拓かれていくものです。その意味で、非行は子どもたちにとってマイナスの意味だけでなく、プラスの意味もあるのだと私は感じています。

事例2 巨大スーパーを学び場にしよう

近所に外国資本の巨大スーパーが誕生した。ここは子どもの行動を観察するのに最適な学び場である。知子《ともこ》（小学6年生）のように必ず迷子になって、最後に全員で探さなければならない子。百合加《ゆりか》（中学2年生）のように広い売り場から言われたものを必ず探し出して持ってくる子。史子《ふみこ》（小学6年生）のように欲しいものを上手におねだりする子。1人ひとりの特性や発達段階、愛着形成がどこまで進んでいるか、見えないものが見えてくる。

今日もお試しできている健吉《けんきち》（小学6年生）がバドミントンセットを手にして、「欲しいですけど」と遠慮気味に言ってきた。「爆発したり固まったりしなければ買ってあげよう」と伝えたが、そのセットが健吉の「欲しいものリスト」の一番上にあったことを思い出した。「わかった。入れておきなさい」。そう言うと、健吉は嬉しそうにカートに入れた。

飲み放題のジュース、特大のピザを食べながら子どもたちと話した。試食コーナーを回り、遊園地のようなスーパーの休憩コーナーが今日のカウンセリングルームだ。親や家族の話を聞いた。児相の記録ではうかがえない話であった。もう食べきれませんという顔になった子どもたち。話も腹いっぱいになったので、立ち上がった。カート2台に満載の品を車まで運び、品数の豊富な業務用スーパーにも寄って、4時間のレクリエーションは終了した。

この業務用スーパーには、週に1度、妻と子どもたちは卵の買い込みに行く。現在、14人家族だけに安価で栄養価の高い卵は重宝する。レジを数回まわり買い物が終わると、ジュースを飲み、めいめいが菓子を購入する。それを承知しているから、子どもは喜んで出かける。

日々の生活の中、こうしてわずかな楽しみの中で金銭感覚を養いながら、子どもたちの基本的な生活習慣を育んでいる。家に帰ると、外では早速バドミントンに興じる健吉たちの歓声が聞こえてきた。

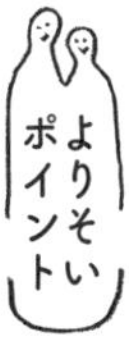

暮らしの中での治療を心がける

みんなで出かける食事や買い物も、子どもたちの大切な学びの場です。どのような場面で、何に興味を示すのか。子どもたちの特性を観察し、学んでほしい社会のルールなどを教えていきます。

事例3

寂しさを感じさせない工夫をしよう

今日から子どもたちは冬休み。帰省が始まった。さっそく、奈央《なお》（中学2年生）が迎えに来た親とともに実家に帰っていった。

以前は親との交流がある子どもはせいぜい1人か2人で、正月やお盆に帰省できる子は少なかった。が、子どもの親や家族支援をするようになって、実親との交流が可能になった子どもが増えてきた。今回の冬休みは、5人が帰る。

一方で、入所以来10年一度も帰ることができない子どももいる。愛《あい》（中学2年生）や真帆美《まほみ》（中学1年生）、向陽《こうよう》（中学3年生）たちがそうだ。

買い物にいった妻がそうした子どもたちが寂しさを感じないように、「すき焼きでもしましょう」と牛肉をドッサリ買い込んできた。「そこにある牛肉を全部ください」と、売り場の牛肉を全部購入したという。

自分はシーズンの終わりにバーゲンの安い洋服を買って、淡々としているのに、子どものためには出費を惜しまない。ダイヤは買ってやれないが、ダイヤのような妻である。

居残り組の子どもたちと一緒に囲む「すき焼き」は殊のほかおいしかった。

よりそいポイント

「予告」で暮らしを見通しよく

夏休みや冬休みなど、長期休暇の前には子どもたちとスケジュールについて話し合います。自閉症の子どもが多いので、いつ何をするのか「予告」をしておき、「見通し」を持たせることが大事だからです。たとえば年末は、餅つきや大掃除があること。正月はお屠蘇《とそ》に福引、お年玉。そして、元日の夜だけは、消灯・就寝時間がないことも、前もって予告します。「ハレ」と「ケ」の交錯の中に、暮らしがあることを学んでもらうためです。

同じように日常生活でも朝、夕、夜と1日3回「予告」の時間を設け、「見通しの良い」暮らしを心掛けることは、毎日の生活にメリハリを持たせるとともに、子どもの安心につながります。

事例4　学力はゆっくり伸ばせばOK！

新しくやってきた中学3年生の2人の少年、宗平《そうへい》と知生《ともお》をどう支えるか、子どもたちと話しあった。同室の高校生が朝起こす。遊び相手になっている高校生の圭策《けいさく》が飽きてきたようだが、これからも相手をしてやる。指導をしている青年たちの和明《かずあき》や太郎《たろう》も気を配り、丁寧に指導をすることを確認した。

今日は書店に行って、小学校4年の算数と漢字、中学3年の数学のドリルを購入してきた。宗平と知生の理解がどこで止まっているかを調べ、そこまで戻って学び直していくためだ。3カ月前にやってきたなおみ（中学3年生）は数学だけはできるというので、中学1年のドリルを購入しようとしたが、本人は中学3年用のドリルで問題ないと主張した。分からないということが分かるだけでもいいと希望通りのドリルを購入した。

幸夫《ゆきお》（中学3年生）は1学期の期末試験。久しぶりの試験であった。周囲から何でもいいから解答しろとアドバイスを受けて、書いた答えが「加藤ちゃんペッ」（正解は「伊藤博文」）。その報告を聞いて、家じゅうが大爆笑であった。

長い人生を考えると、IQだけがすべてではない。笑わせる能力も生きる力である。こうした相互性を活かした暮らしが土井ホームの特徴だ。

よりそいポイント

縦・横・斜めの線を活かす

土井ホームでは、暮らしの中の取り組みを大人と子どもとの「縦線」だけでなく、子ども同士の「横線」、年長児と年少児の「斜め線」などを活かしながら行っています。学ぶ力を伸ばす際にも、縦・横・斜めの線を活かし、年齢を越えて互いに教え合う関係性を築いています。

事例5 スローな歩みを見守ろう

「ぼくは新人の付添人ですか」

忠司《ただし》（中学3年生）がそう尋ねてきた。

「どうしてだい」

「だって、暴れないように見ておきなさい。動くときは、一緒にいなさいと言われるからです」

付添人の小西弁護士の働きで、児童自立支援施設か、少年院というところを免れた忠司だけに、「付添人」という言葉に思いがあるのであろう。私は彼の目を見てこう言った。

「それは忠司、君に対する信頼じゃないか」

実際、逸脱傾向の強い子どもが更生してくると、「少年係の警察官に会いに行きたい」「調査官に挨拶をしたい」「弁護士にお礼に行きたい」と相談してくる。その時は分からなくとも、時間が経過するうちに「社会の確かな大人」との出会いの中で今日の自分があると、実感できるようになるからだろう。

さて、忠司は新しくやって来た良壽《よしかず》（中学三年生）と一緒に、逸脱行動に走るのか、あるいは抑止力になるのか。そこはじっくり見てみたいという気分になった。

「やっているといいことがあると思うぞ」

そう話すと、忠司は「分かりました」と言って、ニコッと微笑み立ち去った。

よりそいポイント　再度のチャンスを与える

その後、忠司は結局少年院に行きましたが、絆を断つことなく繰り返し面会に赴き、再度入所した後の行動はすっかり落ち着きました。

困難を抱える子どもは右肩上がりの直線的な成長・回復を考えるのでなく、1歩進んでは2歩退がり、2歩進んでは1歩後退するような円環的なモデルがふさわしいと私は考えます。ゆるやかな回復の途中で出会った確かな大人との交流が、子どもたちを回復成長させてくれる。だからこそ、少年たちには再度のチャンスが必要なのです。

事例6　食卓はにぎやかに

九州は1月7日で冬休みが終わり、8日から子どもたちは学校である。8日、外出先から戻ると、泰子《やすこ》（中学2年生）の表彰状が飾られてあった。中学生の作文コンクールで入選したという。

ひとの心を想像することが苦手な子どもたちであるから、作者の意図を書きなさいという課題は彼らには極めて難しい。それでも食後ににぎやかに会話し、ジョークを飛ばすことが大きな評価につながる、わが家での暮らしで表現することの楽しさを知ると、入所した当初の陰鬱な雰囲気が変わってくる。困ったら暴れなくても、言葉でヘルプを言ったら助けてもらえる経験が、子ども自身の対人観を大きく変えていくのだ。

そうした変化は言葉や態度だけでなく、文章表現の上でも大きな変化を生みだす。

周囲から「よかったね」「すごいじゃん」と言われて、泰子は得意げだが、「いやーたいしたことじゃないですよ」と謙虚に言うところもまたすばらしい。

よりそいポイント

ジョークも大切

守られた、つながったという経験の少なさ。聞いてもらった、共感してもらったという経験の乏しさが、土井ホームにくる子どもには共通しています。発達・成長の上で欠かせない経験が圧倒的に乏しいのです。彼らに必要なことは、言葉によるホールディング（だきしめ）、豊かな愛情のシャワーとジョークを交えた日常会話です。こうした和やかな時間の積み重ねによって、彼らの行動は目に見えて変化し、学業面でも喜ばしい成長を遂げます。

事例7 一人ひとりの個性を愛してる

青《せい》磁《じ》（中学1年生）が初めてわが家にきた時、小学校4年生くらいにしか見えなかった。重度のネグレクト、兄弟からの暴力などが重なって、低身長・低体重。平均的な成長からすると3年は遅れていただろう。愛情剥奪症候群に加えて、重度の自閉症である。身長や体重をキャッチアップさせようと、食べなさいと言うのだが、食べ終わるまでに1時間半はかかる。

観察していると、「いただきます」と言って、箸を持ったまま、ジーッと止まっている。声をかけないと3分でも5分でも固まったまま、動かない。虐待による解離なのか、時には独り言を言ってニヤッと笑っているので、心の中にいる「お友達」と話しているのかもしれない。

周囲の少年たちはそのヒトリ笑いを気味悪がるし、少年のとんでもないユックリズムにいら立ちをみせる。穏やかに、声かけをするように周囲に促すと、やがて周囲の子どもが声をかけるようになった。青磁は何事にも遅れがちではあるが、この5年間で皆と一緒に食事を終えることができるまでに成長した。

近ごろは、食後の団欒の時間も長くなった。30分、1時間……子ども同士で何気ない話をしている。私たちも子どもの一人ひとりの話に耳を傾けている。子どもも私たちのそばに寄ってきて、妻や妹の座っている椅子に腰かけたり、肩もみをしたりしながら話しかけてくる。新しくやってきた貴子《たかこ》（中学2年生）も今夜はリラックスをした表情で聞いている。青磁は何気ない会話に入ることが難しいのだが、私の肩をもみながらしきりに話しかけてくる。

その意味では、わが家の食堂は期せずしてカウンセリングルームであり、子どもたち自身が相互に癒しあい、私たちも何気ない会話を通じて、子どもの心に触れている。

何より青磁の美しい魂を私たち夫婦は愛している。この青磁が土井ホーム内に個室を構えるのも近い。10人という多人数家族で育ち、風呂場のスノコ板が寝床であった少年は、個室に移る話をすると顔を輝かせる。「その日が来たら……」と夢を語る。苦労はあったが、よかったと心から思う。

よりそいポイント

時間をかけて成熟を待つ

支援者は対象の青少年に働きかけていくとともに、時間をかけてその内面が成熟することを待ってやることも忘れてはなりません。一般に現代の社会では、こうした困難をかかえた青少年に対して「待ってあげる」、「時間をかけて伴走する」ことができなくなっているのではないでしょうか。その意味では、社会にも支援という介入だけではなく、青少年の内面の成熟を待ち続けるという考え方が必要だと私は考えます。

土井ホーム　日々の生活での関わり方　まとめ

1　ことばのコミュニケーションを大切に、「がんばり」をほめる。

2　食事や入浴、睡眠、買い物といった日常生活を大切に守る。

3　ルールは肯定文で書き、見える場所に貼っておく。

4　笑いは心をほぐす良薬。食卓はにぎやかに。ジョークも大切。

5　愛情のシャワーをかけて子どもたちの「成熟」を待つ。

第7章

親の支援も子どもも支援

私の役割は、さまざまな問題を抱えた子どもを更生回復させて、社会との絆をつないでいくことです。しかし、私が考える最も望ましいゴールとは「問題を抱えた親子が再び一緒に、心穏やかに暮らせるようになること」。私にとって、子ども支援は親・家族支援でもあります。

これまでの章で、問題行動を起こす子どもには、幼い頃からの生育期に親から虐待を受けたり、養育を放棄されたりといった辛い背景があると書いてきました。しかし、一方的に親だけを責めることはできません。土井ホームに子どもを預けている**親や家族も「わが子を可愛がりたいのに、可愛がれない」という葛藤を抱えているケースが多く見られます。**

特にわが子が生得的《せいとくてき》な障害を抱えている場合、個々の特性を適切に理解できず有効なアプローチ方法を知らなければ、いくら愛情を注いでも空回り。イライラが募りつい手を上げてしまうことや、育児を放棄したくなることもあるでしょう。「自分には子育てができない」「親として失格だ」という思いは自尊感情を低下させ、親自身が無力感や自暴自棄にとらわれ、結果的に子どもに愛情を注げなくなってしまいます。そんな時にひとりで悩みを抱え込まず、話を聞いてもらえる誰かが近くにいたら、どれだけ心強かったでしょうか。

「わが子とどう向き合ったらいいのかわからない」

私のもとにもそうした相談が山のように寄せられます。その事例がひとつづつ異なるように、相談を寄せてくれた家庭の事情もそれぞれ異なります。シングルマザーで誰にも子育ての相談ができないお母さん、夫の暴力に悩むお母さん、両親が育児を放棄したため孫を育てているおじいさんやおばあさん……。親・家族支援はこのように問題を抱えた家庭生活の中に入り、見えなくなっている解決の糸を手繰り寄せるような取り組みです。

自暴自棄になっているお母さんには、子どもたち同様に「いいところさがし」をし、言葉のシャワーをかけながら自尊感情を高めるお手伝いをします。親自身に辛い生育期の体験があるようなら、その「物語」に耳を傾け、抱えていた心の重荷をおろさせてあげます。このように**「声をかける」「話をきく」ただそれだけでも、暗く重かった気持ちは軽くなり、再びわが子と向き合おうという勇気が湧いてくるものなのです。**

子どものためにも避けたいのは、わが子との関係をうまく築けない親の孤立です。悩める父親や母親の「ヘルプ」をもっと身近で受け止めてくれる支援の輪が地域社会に広がってくれることを願わずにはいられません。

親子は鏡のようなもの。親が変わることで子どもも変わり、子どもが変わることで親も変わる。私は土井ホームでそうした事例をたくさん見てきました。本章では、私たちが「親子が再び一緒に暮らせるように」と可能性を信じ、支援を続けてきた事例をご紹介します。

事例1　親と目標を共有する

泉咲《みさき》（高校2年生）の祖父母が訪ねてきたので、応対した。泉咲は、複数の思春期病棟、児童心理治療施設に措置されたが、施設がお手上げになって小学5年生のときにわが家にやってきた。激しいパニックを起こし、暴力をふるう子どもであった。パニックになると他人の首を絞める行為を繰り返し、入所当初はホームがひっくり返るような大騒ぎになった。

だが、その後はすっかり落ち着きをみせた。長期の不登校であったが学校にも通えるようになった。「今度は卒業式をめざしましょう」と祖父母に声をかけ、小学校の卒業式、中学校の入学式と卒業式、高校の入学式……と一緒に出席してきた。

「児童相談所の伊藤ケースワーカーには心から感謝しています。土井先生とご縁を結んでくださったんですから」

祖母の佐和子《さわこ》は会うと必ずそう言った。そして、夫の厚《あつし》が武士の家系に生まれて、農家出身の自分は嫁にもらってもらえて幸せだという、いつもの「物語」を話してくれた。私は今日初めて聞いたように大きく頷きながらその「物語」に耳を傾けた。祖母の佐和子は社会常識もあるし、訪ねてくる際には現役の保育士の時代に作ったという着物を着て、手土産を手にやってくる。祖父の厚も耳が遠く何度も泉咲の近況を訊ねることをのぞけば、上品ないでたちと話しぶりである。

厚と佐和子には、「成人式を見届けましょう」と声をかけた。子どもの成長が家族の元気につながっている。

その後3人はレストランに出かけた。退院したばかりの祖父に歩くリハビリが必要だというので、車で送るのを控えた。80代の祖父母の歩みにあわせて、出かける泉咲。3人を玄関先で見えなくなるまで見送った。

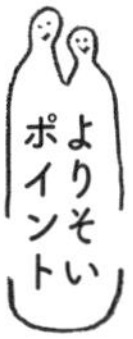

親や家族と協同で子どもを支える

泉咲の家族のように愛情はあっても、家庭生活はうまくいかなかったというケースは珍しいことではありません。家庭だけでは解決できなかった問題が、関係機関との連携の中で落ち着くケースは多いのです。家族から見放されても仕方ないような行動の子どもも少なくないのですが、それでも親の内面には子どもを思う気持ちがある。そう実感できる場面をこれまで私はたくさん見てきました。

親の心の中に眠っているわが子への愛情の泉を掘り起こし、子を思う気持ちを支え、どのように接したらよいかアドバイスをする。こうした取り組みを通じて、家族が一緒に歩むようになると、子どもの回復や成長にも著しい成果が表れるようになります。

事例2 親の話に耳を傾ける

「どうも東京で薬物の売人をやっているみたいです」

10年前に預かったホームレス青年・豊《ゆたか》（32歳）の母親からの電話だった。豊は3カ所の少年院を経て就労したがすぐに解雇され、行き場を失くした。少年たちのたまり場で土井ホームの存在を知り、やってきたのだった。

わが家にきた豊は、ここで暮らすしげ子と出会った瞬間、磁石のようにひっついた。深夜に男子寮に忍び込むしげ子と豊に指導したところ、2人は九州から関西まで自転車で逃げていった。真夏の恋の逃避行である。

保護観察中のしげ子は逃避行先で保護され、保護観察官に引致《いんち》された後、結局女子少年院に送致された。

「少年院を出たら結婚しよう」と2人は約束していたようだが、保護司会でしげ子の担当であった佐々木保護司に近況を聞くと、「豊の資質から結婚は困難と判断して、出院したしげ子を就職させた。ところがしげ子はすぐに他の男性と知り合い妊娠して出産した」と言う。

しげ子は15歳の時に祖母宅から家出し、隣県の風俗店で年齢を偽って働いているところを保護された。しかし児童相談所の一時保護所でも大暴れをしてそこを追い出された。「子どもを保護する児童相談所が追い出すとは」と思ったが、預かってみると追い出されるのも仕方がないほどの暴れっぷりだった。彼女の行動と若年出産に至るまでの経緯をみると、幼少期から十分な温もりのある愛情をかけられなかった子どもの典型を見るようだ。

一方の豊はどうしているのかと考えていたら、冒頭の母親からの報告である。

「どうしたらいいでしょうか」

母親のもつれるような口ぶりから、向精神薬の服用が伺えた。

「成人になった豊を理由なく拘束して帰郷を強制することはできないですね。逆に犯罪行為で捕まった時がチャンスです。その時に警察から連絡があるでしょうからまた電話してください。相談に乗りましょう。それよりお母さんが元気で健康な生活をすることが大事ですよ」

いろいろと近況を聞いた後にそう話すと、母親は涙声になった。

「ではまた連絡してくださいね」

「ありがとうございました」

母親の声に少し元気が出たことを確認して受話器を置いた。

よりそいポイント

親も孤立させない

孤立はひとを追い込んでいく、現代の病です。どうしたらいいかわからなくなった時、耳を傾ける人がいるだけでも、どれだけ救いになることでしょうか。事態が解決することよりも、まず大事なのは、親身になって話を聞いてくれる人の存在。困難に立ち向かう勇気を与えてくれるはずです。

じっと聞くだけでいいのです。そして一言。「応援していますよ」「見守っていますよ」「大丈夫、心配ないですよ」とメッセージを伝えたいものです。

事例3 母親にも「いいところさがし」

明裕《あきひろ》（中学1年生）はあまりにも激しい行動から、児相が一時保護を断ったほどの「強者《つわもの》」だった。彼の母親・加奈子《かなこ》が、新しい〝彼氏〟と一緒に土井ホームにやってきた。明裕ははじめ戸惑った様子を見せたが、３人での外出を承諾した。明裕が外出の準備をする間、私は玄関先でしばらく母親の加奈子と話をした。聞けば、加奈子は「呑み・打つ・買う」父親のためにミルクすら買い与えてもらえず、米のとぎ汁で育ったという。小学生の頃から内職をし、中学生からは学校に行かずに働いたそうだ。そして転職先では「高卒」と学歴を偽り、苦労しながらパソコン技術を習得したと言った。

最近、子どもの貧困にとどまらず、女性の貧困を指摘する声がある。加奈子もそれを絵に描いたような人生である。

そんな話を聞きながら「ご苦労が多かったのですね」とねぎらった。そして前から感じていたことを伝えた。

「お子さんにあてた手紙を拝見しましたが、すばらしい字を書かれますね。妻と感心しました」

嬉しそうに加奈子は微笑んだ。

外出から戻って来た加奈子は「息子はここにいるのが一番幸せ。これからも明弘のことをよろしくお願いします」と丁寧に頭を下げ、帰っていった。子どもはもちろんだが、こうした母親への支援が欠かせないとあらためて思った。

よりそいポイント 人生の重荷をおろさせる

「子育てがつらい」「子どもをかわいく思えない」。そのように語る母親の言葉に、私たちはまず耳を傾けます。話を聞くことは、その背後にある心の荷物、人生の重荷を一つひとつおろさせてあげるお手伝いです。その上で「一緒に歩んでいきましょう」と声をかけてあげると、心が折れて座り込んでいた気持ちも立ち上がりやすくなります。

子どもと一緒に過ごせない親を道徳的に断罪することなく、よりそいながら、親子ともども支援をしていく必要があることを明裕の母・加奈子の人生は物語っています。

事例4　親の代わりに盾になる

育弘《いくひろ》（中学2年生）の母親から電話があり、明日の審判の打ち合わせをした。母親の恵美は「子どもの母親であることが辛い」と先週の電話で語っていた。その苦悩を受けて私は「毎日通っている鑑別所には、しばらく行かなくていいですよ。今週は私たちが行きましょう」と伝えた。

どうやら育弘は「おばあちゃんから貰った小遣いを使いたい」と母親の恵美《えみ》に強く迫ったようだ。母親はそれにどう応じたらいいのかわからず、精神的な不調を訴えるようになっていた。「その件は私が対応しましょう」と話を引き取ると、少し安堵したようだ。自分が育ってきた過程に親として取り込むモデルがなかったために、どのように対応していいのかわからなかったのだろう。

鑑別所で面会した育弘が「小遣いを渡してくれ」と言うので、「君のものだが、今は多額のお金は渡せない」と要求をはねつけた。育弘は不満に思ったようだが「君は母親の愛だけで育ったが、父親の愛がどのようなものか知っておくことが肝心だ」と最後まで要求を受け入れなかった。

昨日、育弘は鑑別所で面会に来た母親の恵美にこう語ったという。

「先生が『土井ホームには親との交流もなく、帰る家もない子がいる。おまえだけが潤沢《じゅんたく》な小遣いを使うことはできない』と言っていた意味が、今ではよくわかる」

「僕はみんなのことを考えていなかった。こうして通ってくれるお母さんや先生、先生の奥さんに感謝したい」

「もし少年院に行かされても頑張るし、もし許されて土井ホームに戻れたら、もっと頑張りたい」

母親の恵美は鑑別所での息子との会話を語りながら、最後には涙声になった。

鑑別所の中で、育弘はひとつ成長したのだと思う。その思いを自分の言葉で明日裁判官に語ることができるだろうか。彼の息遣いに耳を凝らし、彼が発する言葉に耳を傾けたいと思う。明日午前11時、審判である。

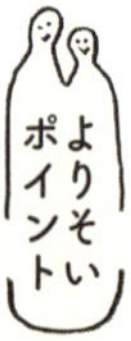

親の苦悩を引き受ける

自分が経験してこなかったわが子の問題と、どう向き合えばいいのか分からないのは当然です。しかし、親として「いけないことは、いけない」と毅然《きぜん》とした態度で子どもの欲求をはねつけることも時には必要。そうした態度を取ることが難しい場合は、私たち支援者がその苦悩を引き受け、親代わりとなって子どもと向き合います。

事例5 ともに成長をよろこぶ

子どもの俊充《としみつ》（小学5年生）が成長して、長期不登校であった学校に通えるようになったら、母親の有里《ゆり》も回復した。

俊充が長期不登校だった背景には自閉症という要因があったが、土井ホームの規則正しい、見通しのよい暮らしの中で彼は徐々に元気を取り戻していった。隣のアパートに住む同じ自閉症の少女・千尋《ちひろ》を誘って学校に通い、道行く女性には明るく挨拶をするほど。その挨拶に「元気が出てくる」と学校にはお礼の電話までかかるようになった。

かつて俊充の母親は、彼女の友人が運転する車でしか土井ホームに来ることができなかった。それが今ではひとりで電車とバスを乗り継ぎやってきて、子どもの俊充を連れて帰り、また送ってくるという送迎が可能になった。そして彼女は数年ぶりに就労も果たした。

そうした変化を感じたのか、数年にわたって毎日、有里からの電話相談に応じていた児童相談所の森下ケースワーカーからも私に電話があり、母子の今後についての協議ができた。

親は子どもの安全基地だというが、子どもが親に与える影響、相互性もある。今夜も帰省から戻ってきたので、玄関先で最近の俊充の成長を母親の有里に話したら、彼女の顔がパッと輝いた。子どもだけでなく、母親も向精神薬から離れる日もそう遠くはないと予感した。

よりそいポイント

子どもの成長をすべて報告する

親は子どもを育てますが、子どもの存在が親を親にしてくれます。子どもの更生や成長を糧に元気を取り戻す親は大勢います。ですから、私は土井ホームの子どもたちの成長はどんなに些細なことでも、本人の親や家族に報告しています。

親子が一緒に生活することが望ましいのは言うまでもありません。しかし、どうしてもそれができないとするなら、代わりの家庭的な環境で社会的な親と過ごすことも子どもの最善の利益につながります。

事例6 あきらめない

先々月、初めて面会に来た広幸《ひろゆき》（中学3年生）の母親・嘉余子《かよこ》が、広幸の帰省を約束した。約束の日が近づき、児相を通じて日時の調整をするために連絡を取ったが、母親の嘉余子も彼女の姉・麻梨美《まりみ》も兄の淳士《じゅんじ》も携帯電話が止まっているという。お役所も今日で業務を終了となると、年内の帰省は難しいかもしれない。

親から何度も裏切られ続けると、子どもの心に怒りや無力感が生まれる。かつて広幸が児童養護施設で暮らしていたころ、嘉余子は彼を引き取ると伝えたが、当日になっては何度もドタキャンをした。すでに転校手続きを終えた広幸は、クラスメートから「元気でいてね」と書かれた色紙を手に呆然《ぼうぜん》と立ち尽くすしかなかった。そんな繰り返しの果てに、広幸は施設で暴れることが多くなり施設を措置解除になって、土井ホームにやってきた。

根気よく嘉余子に働きかけ、やがて親子の交流が始まり、いい方向に向き始めたと喜んでいたのだが、今回は残念な結果になりそうだ。心の中でため息をつきながらも、これからが私の仕事だと自分に言い聞かせた。

日の当たる場所に居続けると世の中があまり見えない。時には、日の当たらない場所からあえて世の中を見てみる。日陰の視点から改めて嘉余子の立場や人生を眺めてみる。そうすると、嘉余子の行動が徐々に理解できてくる。嘉余子への支援を中断させないよう、私は自分の心を鼓舞した。

よりそいポイント　弓をいっぱいに引くイメージを描く

処遇の場面でマイナスが多いほど、プラスである成果のよろこびは大きいものです。それはどこか、弓を後ろへ後ろへと引くほど、矢がうんと前に飛んでいくのとよく似ています。子どもと親をしっかり受け止めることは苦労も多いけれど、私たちはやがて親子の気持ちがそろって前を向き、力強く飛んでいくことを願ってやみません。

事例7　小さな変化を起こしてみる

「お母さんに月に1回訪ねてもらいなさい」

今日、帰省する美香《みか》（中学2年生）にそう伝えた。

美香はわが家にきて間もなく問題を起こさなくなった。措置されるまで、毎日3時間は教育委員会や児童相談所に電話をしていた母親の裕美《ひろみ》も、私の本を読んで感じたことがあったのか、敬意をもって接してくれるので心配したトラブルも起きなかった。美香の様子が落ち着いたので一時帰省を許したのだが、帰省するとまた親子のトラブルが発生した。

「親子は敵《かたき》の因縁」という。親子ほどいいものはないのだが、同時に親子ほど厄介なものもない。「親子」を「夫婦」に言い換えてもいいだろう。美香は母親を慕っているし、母親の裕美も美香に対する愛情がある。それでも顔を突き合わせると対立が起きる。母親には土井ホームに定期的に通ってもらい、親子関係の調整をする必要があると感じた。

同じく今日、少年院に入院した理香《りか》（中学3年生）の母親・暢子《ようこ》が仕事着のままやってきた。抱える問題が多岐にわたり、話すことで頭の中を整理するタイプのように見受けられた。話は長いが、根気よく聞いていく必要がある。

私の経験上、こうした子どもの問題の背後には、夫婦や家族の問題が深く関係している。暢子も夫婦の問題を抱えており、多感な理香は敏感にそれを感じ取っていた。夜間徘徊や不良交友が際立った理香は、やがてわが家にやってきたのだが、残念ながら問題行動は止まらなかった。

理香が荒れてお手上げだという暢子に、私はこう話した。

「親は子どもが安心して迷惑をかけることができる存在だから、親は子どもの踏み台になってやることが大事。子どもは3歳までに一生分の親孝行をしている。子どもには無条件の愛情を届けてあげていいのではないでしょうか」

じっと聞いていた暢子は「理香が少年院を出てくる時には、親も成長したなと思ってもらえるよう、努力する」と語ってくれた。

来月には少年院の中で理香の中学校の卒業式が行われる。中学校から校長と副校長が出席予定であることを伝え「遠隔地の少年院まで出かけて出席するので、よろしくと挨拶していますが、親からも迷惑をかけたことやお礼を言ってくださいね」と話したら、暢子は同意して頷いた。そんな気持ちになったことを嬉しく思った。

コップの水は「これだけしか入っていない」ではなく、「こんなに入っている」とも捉えられる。同じように子育てもポジティブに考えることが大事だ。子どもが変わると親も変わるし、その逆もある。小さな変化を起こしてみれば次の変化が生まれ、やがて、大きな変化につながっていく。

大事なのは、親を被告席に座らせて断罪しないことだ。その意味では私自身のまなざしや口調、声の質も整えねばならない。これが大事だ。まずは私自身だ。

さて、春3月は旅立ちの時。今年は理香を含めて7人の子どもが卒業式を迎える。その式典に臨む時間調整だけでも大変である。幸い土井ホームは親支援を進めていて、親子関係の修復が進んだ子どもも多い。正月の帰省の際には「親に出席をお願いしてごらん」と子どもたちに指示をした。

子どもが学校や社会で問題を起こした際に謝罪をするのは私たちの役目。だが、卒業式という最も華《はな》のある場面は、やはり実親に譲りたい。目に見えない根っこを伸ばす仕事は私たちが受け持つが、わが子が大きく花咲く場面は実親にこそ愛《め》でてほしい。

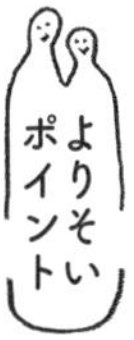

問題はひとつずつ解決する

わが子がひとつ問題を起こすと、次々とトラブルが連鎖し、とても1人では対応できなくなります。しかし、海にたくさん浮かぶ島もひとつずつしか渡ることができないように、どんなに器用な人間も一度に多くの問題を解決することはできません。自分の中で問題が処理できない時は，「ひとつずつ」と自分に言い聞かせましょう。1人では解決できそうもない問題が出てきたら、専門家に協力を仰ぐことも大事です。

親の支援も子ども支援　まとめ

1　親と支援者で子どもの成長に関する目標を共有する。

2　子育てがつらいときは、支援者に協力を仰ぐ。

3　親や家族の「いいところさがし」をして自尊感情を高める。

4　親の人生を振り返り、心に抱えている重い荷物をおろさせてあげる。

5　子どもの問題は1つずつ解決できるよう整理する。

おわりに

ひとは「いのちの誕生」を祝福します。しかし、わが家の子どもたちはみずからの「いのち」が祝福されているとは感じていません。釈迦《しゃか》は「四門出遊《しもんしゅつゆう》」という説話で、人生は「生老病死《しょうろうびょうし》」であると説きました。人生には、老いがあり、病がある。愛しい人との別れ、死がある。そんな苦悩にみちた人生の出発点の「誕生」もまた苦悩の始まりである。そう説いたのです。

子どもを預かろうと思い立った当時は「助けあったり、支えあったり」する関係性を心に描いた上でのスタートでした。ところが、虐待家庭で育った子どもは、自身への虐待や親のＤＶを目の当たりにする結果、激しい対人不信や自尊感情の低下を招いて、さまざまな精神症状や身体症状をみせることがわかりました。

それればかりか、そうした親の暴力的な対応、対人関係を子ども自身が取り込んで、虐待の再演・トラウマの反復強迫（虐待被害者が加害者に転化すること。あるいは自らが再被害化するような行動を繰り返すこと）が起こります。心に深い傷を負った彼らを預かることは、とても容易なことではない。間もなくそう気付きました。

また、子ども同士も相手との力関係で対人関係を築くことがわかりました。相手が「上」だと思うと卑屈な接し方をし、「下」だと思うと「奴隷」のような扱いをします。小さい子が上の子に抑圧されたり、暴力にさらされたりしている際は必ずサインを出しています。子どものケアワーカーはこの兆候を見逃してはなりません。子どもたちが安心して暮らしている施設では、年少児が「はじけて」います。逆に、暴力が蔓延《まんえん》している施設では、年長児の声や態度に過剰なほど敏感に子どもは反応します。したがって、私の養育は子ども自身が安心して暮らせる環境、安全の保障にエネルギーの多くを注いできました。

しかも、わが家にやってくる子どもは虐待などを受けた結果、「大人は信用できない」「社会は危険だ」という認知を持っています。こうした認知に変化を生むには、認知そのものに直接働きかけるより、暮しや環境を整え、身体性を大事にするほうが結果は早いと考えるようになりました。

社会にはさまざまな療法や支援スキルが喧伝《けんでん》されています。しかし、認知そのものへの直接的な介入・関与（支援）よりも、もっと穏やかな介入の方が、変化への近道だと私は信じています。つまり「環境」によって「身体」は変わり、「行動」も変わり、やがて「認知」も変わるという発想です。

また、虐待の心身への影響が外在化した場合、非行へと増悪発展しますが、非行少年など逸脱傾向の少年がある程度集まると一気に非行への圧力が高まります。そうしたリスクを回避する意味では、他の施設のように、リスクの高い少年の入所を拒絶したらいいのでしょう。誰の目にもわかりきったことです。人数の少ない家族でやっているホームの安泰を考えるなら、難しい子どもを全部拒否すればいい。しかし、世の中には誰にも振り向かれない子どもがいる。ここに土井ホームの葛藤や苦悩があります。私は居場所を失った子どもたちにも、居場所を与えてやりたい。それは、家族の協力と理解がなければできない仕事です。

現在、わが家で生活する子どものほとんどは発達障害を有しています。さまざまに強みと弱さを抱えています。しかも、たとえば「自閉症スペクトラム」という同じ診断名であっても、子どもによって強みと弱みが異なっているので、1人ひとり個別の支援計画をつくる必要があります。

そして、ここが何より重要なのですが、その支援プロジェクトの1つひとつを私たちは日々の「生活」の中に溶け込ませています。「生活」の持つ力を信じ、暮らしの中にさまざまな工夫を巧みに融合させています。私が講演会や研修会に出講し、本を執筆をするのは、私がお話しする取り組みが土井ホームだからできるのでなく、誰でもできるのだということを伝えるためです。

かつて、わが家では児童養護施設の1日里親をしていました。ある日、施設の子どもをスーパーに連れて行き「好きなものを買いなさい」と言うと、彼らは固まってしまいました。自分で商品を選んで購入すると言う経験が乏しいために、どのように対応していいのか分からないのです。

実際に生活体験を重視する施設では、すでに買い物に連れて行くなどの取り組みを行っていると思います。施設のユニット化（施設職員と6人の子どもが共同生活をする）や、これまで以上に地域での分園が広がれば、こうした生活体験の機会はますます増えるでしょう。「生活」を重視し、1人ひとりに主体的な力量（意見表明権、自己決定権）を身につけさせることは、土井ホームが目標にしている大きな柱の1つです。

わが家で誕生会を開いた時、子どもたちが嬉しそうにジュースや刺身のお代りを要求し、思い思いに発言している姿を見て、私は心底ホッとします。

また、国立の思春期病棟から児童心理治療施設に移っても不適応でわが家にやってきた子どもが、私たちが出掛ける際に見えなくなるまで車を追いかけて手を振り、帰宅すれば走って出てきて、1日の出来事を一生懸命に話す。その様子に、表現しがたい喜びを感じます。子どもたちの回復と成長を目の当たりにする瞬間は、私たちにとってまさに至福の時なのです。このような私たち大人と子どもとの関係性を子どもたち同士の信頼関係にまで広げ、取り結ぶまでには、まだはるかに遠いところまで歩み続けなくてはならないでしょう。

これまでにも土井ホームの実践は、子どもに多くの変化をみせ、結果を残していると注目を集めてきました。しかし同時に、求めた成果を出せずに終わった事例も多々あります。そうした中で思うのは、変化や結果を出すことに注目するのでなく、いつも子どものそばにいること。信頼感を醸成し、相互関係を維持することが大事だということです。変化する力は子どもの内面にあるのですから、「環境」を整え、愛情という「栄養」を与え続け、芽が出る時を待てば、自ずと結果や変化は出てきます。

私が胸に刻んでいる言葉のひとつに、「時熟」があります。子どもの成長をじっくりと待つという意味です。日本の社会はこうした大人の子どもに対する寛容さがだんだんと失われているのではないでしょうか。環境を整え、関係を維持していれば、子ども自身が変化を望んだ時に自ずと変わっていきます。変化があろうがなかろうが、いつも傍にいる。それが大事なのです。

かつて、ある子どもが「ぼくのお母さんはどこにいるのでしょうね」と聞いてきました。親族からは「決して交流させないでください」と言われている私は、その子に、「はたちになっても会いたいと思ったら、探してみようね」と言って聞かせました。親がいても親がいない。しかし、そうした子どもの内面からいつか「人生は祝福されているんだ。私のいのちそれ自体が輝いているんだ」という思いが湧き上がる時まで、私は寄り添い続けようと思っています。

苦悩の先に歓喜がある。人生の早期から苦悩をかかえた子どもであるからこそ、この子どもたちは人生の歓喜を知る資格を持っています。そして苦悩を知るものこそ苦悩をかかえる人と通じる回路を有している。私はそう信じています。

本書の刊行にあたっては、月刊誌の連載以来、長いおつきあいになった小学館出版局生活編集室の木村順治さんとライターの重村直美さんに企画の段階から携わり、支えていただきました。ありがとうございました。

最後に、私の信念を支え多くの困難をかかえる子どもたちを受け入れ、24時間の生活を通して養育をともにしてくれた妻と妹、そして神様からの贈り物である子どもたちに心からの感謝を込めて、筆を擱《お》きます。

本書が悩みの只中《ただなか》にいる親子や、子どもの支援に携わる関係者の皆様にとって、子どもたちとともに生きる勇気や希望となることを願ってやみません。

二〇一八年十一月

土井高德

土井　高徳（どいたかのり）

一般社団法人おかえり基金理事長（土井ホーム代表）。学術博士。福岡県青少年育成課講師、京都府家庭支援総合センターアドバイザー、産業医科大学治験審査委員。また、今日までに日本ファミリーホーム協議会副会長、全国社会福祉協議会福祉サービス第三者評価事業に関する評価基準等委員会委員、北九州市立大学大学院非常勤講師、福岡教育大学大学院非常勤講師、警察庁教養専科講師などを歴任。

土井ホームでは、実家庭や児童福祉施設で「養育困難」と判断された普通の生活が極めて困難な子どもたちとともに暮らし、医療や福祉、心理などの専門家と協力しながら、子どもたちの心の傷を癒し、心身の回復と社会性の獲得を図っている。その活動はＮＨＫ「九州沖縄インサイド」、「福祉ネットワーク」、「クローズアップ現代」で特集されたほか、テレビ東京、ＲＫＢ、読売新聞、西日本新聞などで紹介されるなど全国的に注目を集めている。ソロプチミスト日本財団から社会ボランティア賞、福岡キワニスクラブから第24回キワニス社会公益賞を受賞。

著書　『神様からの贈り物　里親土井ホームの子どもたち　希望と回復の物語』福村出版／『青少年の治療・教育的援助と自立支援』福村出版／『虐待・非行・発達障害　困難を抱える子どもへの理解と対応―土井ファミリーホームの実践の記録』福村出版／『ファミリーホーム開設・運営マニュアル―あなたにもできる小規模住居型児童養育事業』福村出版／『思春期の子に、本当に手を焼いたときの処方箋33』小学館／『ちょっとしたストレスを自分ではね返せる子の育て方』青春出版社

5つの問題行動別
「手に負えない思春期の子」への関わり方

2018年12月17日　初版第1刷発行

著者　土井高徳
発行人　小川美奈子
発行所　株式会社　小学館
〒101-8001　東京都千代田区一ツ橋2-3-1
電話　編集　03-3230-5651
販売　03-5281-3555
印刷所　萩原印刷株式会社
製本所　株式会社 若林製本工場

ブックデザイン　セキユリヲ
構成　重村直美
編集　木村順治

©TAKANORI DOI 2018　Printed in Japan　ISBN978-4-09-840196-3